島尻 淳
Jun Shimajiri

神さまに気に入られる方法

あなたの願いは、こうすれば叶う

ワニ・プラス

はじめに

神さまは全ての方を見守っています。

今の生きづらさを何とかしたいと願っている方、苦しみの底から這い上がりたいと願っている方、あるいは輝かしい未来を切望している方、愛する人々と幸せでありたいと願う方……すべての方を神さまは見守っています。

そして、このさまざまな願いを成就し、神さまに導かれ、神さまに応援されるようになるための秘訣があります。

この秘訣は法則でもあります。水が下から上へと流れることがない、というのと同じように、原理的な法則です。この法則は全てを貫いています。

水が大河に注ぎ、海へと満ちていくように、この堂々たる法則の流れを理解し、流れに掉さすことにより、すなわち「神さまに気に入られる」ことにより、願いは成就します。

僕がなぜこの法則を伝えたいと思うのか。

僕がスピリチュアルカウンセラーとして実績を積み、神さまと会話することができる特殊な能力を持っている、という使命からと言うこともできます。

しかし、もっと重要な思いは、僕自身が貧乏のどん底から、神さまの導き、神さまの守護によりここまで生きてきた、という経験に根差しています。

貧乏からの階梯を、神さまの導きに沿って格闘しながら、這い上がりました。その苦闘の過程で、いろいろな人のいろいろな悲しみ、苦しみ、そして喜びに共感できるようになりました。

この共感を大事にし、いろいろな思いに沈む人が神さまに愛されるようになってほしい、そのように強く願うようになったのです。

僕の中でこの方法が正しいと、確信に至ったのは、２０１１年3月の東日本大震災の時でした。想像を絶する悲惨な光景を目の当たりにして、湧き上がる思いと、神さまの導きに駆られるまま、当時、15万円ぐらい寄付しました。

現在の僕のお金の価値で言うと500万円ぐらいに当たります。その頃は飯を食うのがやっとだったのです。スーパーで半額のパンを買って来て生活をしていました。食費もままならない僕にとってはとても大事なお金なのですが、悲惨な目に遭っている人の助けになりたいと、自分のことをわきに置き、寄付することにしました。

すると、この頃からいろいろな願いが叶うようになりました。

神さまが味方をしてくれていると感じたのです。すなわち「神さまに気に入られる方法」を会得していったように思います。

本書ではこの「神さまに気に入られる方法」を具体的にご紹介いたします。

読者のみなさんの、一人ひとりのケースに応じて、この方法を体得していただくために、「基本編」では自分のケースとは何かを見定め、「応用編」では、それを踏まえて「気に入られる」方法を述べていきます。そして最後に、なぜこの方法が「法則」なのか、という点に言及しつつ、全体を復習します。

本書を手に取られたみなさんが、「神さまに気に入られる方法」を体得し、みなさんのそれぞれの願いが成就することを願っております。

【応用編】
フェーズ1　金運・仕事運を良くする方法

―フェーズ２―
結婚運・縁について

【基本編】

—ステージ1—

神さまのタイプと自分のタイプを見極める

神さまのタイプと自分のタイプを見極める

神さまに気に入られる方法をお伝えする前に、知っておいていただきたいことがあります。

全ての「人」は3つのタイプに分けられるのです。

3つのタイプはその行為の状態から、ギバー＝与える人、マッチャー＝バランスを保つ人、そしてテイカー＝奪う人に分類されます。

アダム・グラントが『ＧＩＶＥ＆ＴＡＫＥ「与える人」こそ成功する時代』という本の中で書いて有名になった考え方なのですが、自分のタイプがこのうちのどれに相当するのかを見極めると、人生がとても生きやすくなります。

例えば『ドラえもん』の登場人物に当てはめていくと、ギバーは与える人ですので、未来からやって来て、いろいろな道具を出してくれるドラえもんに当たりますし、テイカーは奪う人ですので、さしずめジャイアンになります。マッチャーはその間でバランスを取っていこうとします。『ドラえもん』では、のび太たちが通う学校の先生に当たるでしょうか。この3つのタイプに分かれる、というアダム・グラントの意見にはおおむね僕も賛成ですが、1カ所だけ決定的に僕の考えとは違う点があります。

グラントは、テイカーの状態になっている人は、頑張っていけばギバーに変わることができるし、頑張ることが良いこととしているのですが、僕は、これは不可能であると考えています。

テイカーはテイカーの人、ギバーはギバーの人というふうに本質的に分かれます。それは生まれる前から決まっていたことで、父とか、母とかが共通であるという親族関係による遺伝的決定ということをも超えて、それぞれ一人ひとりあらかじめ定められているのだと考えているのです。そして、これは原理的なことです。

この3種類の人口の割合ですが、ギバーとテイカーの真ん中のマッチャーが55%と言われていて、一番多くの比率を占めています。

食べることに精一杯な地域ほどテイカーが多く、物質的に恵まれている地域ほ

どギバー系の人が増えています。

飢餓状態にあった日本の戦後混乱期は、おそらくテイカーが多かったと思います。テイカーは、責任を全部他人のせいにするので、混乱期にはとても強く、鬱《うつ》病などには基本的になりにくい人たちです。ギバーは逆にとても繊細な人が多いために、鬱状態になる方も多いと考えられます。

マッチャーはどの地域でも多くを占めています。人間が社会を構成して維持していくためには、機械的な作業が必要になります。そのため、社会を維持、発展させていくためには機械的作業をこなすことができるタイプの存在が必須となります。

淡々と作業をこなして、ギブとテイクの仲立ちをするマッチャーがいないと、社会が動かなくなります。 そのため必然的に多いのです。

飢餓状態を脱した地域では、精神性を高くしたいという要求が高まり、ギバーが増えてきます。ギバーは感性が鋭く、繊細で霊感に秀でているため、生きることに不器用ですが、「愛」に目覚めやすく、危機的な状況にある地球にとって必要な存在です。

しかしながら、今の格差が激しい社会では生きづらく、ギバーが増えている若い人の間では鬱が多いのかなと思っています。

要は繊細な人が多いということです。自分の感性がとても強いのですが、日常生活を送るためには自分の特性を抑えて、マッチャーの人が得意とするような作業をせざるを得なくなります。ギバーはこのような作業は本来苦手です。ギバーはご飯を食べるためだけに働いていく作業ばかりだと苦しくなります。

テイカーは飢餓状態の地域に多いと言いました。でも、戦後間もない日本でギバーばかりがいたらどうなるでしょう。多くの人が生きていけないのではないかと思います。繊細過ぎるのです。他人を蹴落としてでも生きて行こうとするテイカーが増えたことによって、高度経済成長を経て、今の日本は裕福になったということなのです。

テイカーの方が多かったために繁栄し、高層建築がいっぱい建つようになりました。これがギバーの方ばかりですと、「別にそんな、高いビルを建てなくてもいいでしょ」といった感じになって、ビルは建ちませんし、経済発展もしません。「なんか今日は暑いから、もう作業をやめようか」とか言ってくるのもギバーが多いのです。

テイカーは目標を決めたらがんがん頑張ります。もう暑いとか、寒いとか言っている場合ではなく、とにかく目標に向かって邁進するというのはテイカーの特徴です。

3つのタイプが織りなす社会

3つのタイプは変えることができないのですが、それぞれのタイプの中で、上級、中級、下級という階層があり、これは変化します。この3つのタイプの、さらにそれぞれの階層にいる人たちによって、社会が織りなされていきます。

それぞれのタイプは日頃の行動で見分けがつきます。

その特徴を具体例で見ていきます。

ギバーの上級は使えない人を切ったり、要らない人を省いたり、はっきり意見を言ったりします。テイカーとマッチャーの要素までが入った最強の状態です。さらに人からも好かれます。器の大きさもあって、誰から見ても「ああいう人になりたい」という人物が上級のギバーです。

代表的な方を経営者で見ていくと稲盛和夫さんという方が該当します。京セラをつくった方です。瀕死の日本航空・ＪＡＬも復興させました。みんなからすごい経営者だと言われるのはこのタイプです。

何かがあったときに一生懸命、話も聞くけど、使えない社員は即座に切るという強さをあわせ持っています。

全体の状況を見据えて、不要な人を切るという行為は非常に大事です。上級に上がりたかったら人を見切って、勇気をもって切ってください。例えば30年来の友達だからといって、切れなくなっちゃうと上級には上がれないのです。

『三国志』に「泣いて馬謖《ばしょく》を斬る」という話があります。

蜀に馬謖という、諸葛孔明《しょかつこうめい》が重用していた人物がいました。馬謖は諸葛孔明の命に従わずに魏《ぎ》に大敗してしまいます。ギバーである諸葛孔明は、可愛がっていた馬謖を、これでは示しがつかないと言って、切ってしまいます。

いくら重用している大切な部下でも、自分の命令を聞かずに戦に敗れてしまった馬謖を、最も大切な軍紀、規律を守るために首をはねるしかないと判断するのが、上級のギバー、諸葛孔明なのかなと思います。

ギバーの中級は、そこそこは仕事をして、気使いもしながら生きています。適正職はデザインとか、ものづくり、音楽関係など。こういった職業に就いていれば、まあまあ生きやすい感じだと思います。人は寄ってきますが、人との付き合いに疲れやすく、本音を言えるのは限られた少数の人ではないかと思います。

下級ではないので、一見するとマッチャーのようです。とても気を使うのでマッチャーと見間違えることもあります。仕事も頑張っているのですが、無理している分、疲れてしまって、「一人の時間がないと駄目」という人たちが多いです。

ギバーの下級はどんな人たちでしょう。人に気を遣い、自分らしさがなく、人に対する気遣いばかりが空回りしてしまいます。仕事で分からないことがあっても、上司に何も聞けないまま仕事が手に付かなくて、やがて退社時間の17時を迎えるというタイプです。

仕事が手に付かないので、トイレに行こうかな、といった行動を繰り返して17時になって帰るというタイプです。

日常、他人に気を使い過ぎて疲れてしまい、土日は寝込んでいます。他人に気を使い過ぎているため、何も話しだせなくて、常におどおどしてしまいます。「これ聞いても平気？」「えっ？　何？」「いや、すいません、やっぱりなんでもないです」。下級ギバーには、こんな会話がありがちなのです。このタイプとはあまり関わらないほうがいいかもしれません、こちらもすごく疲れてしまいます。

マッチャーの上級。　上級はどのタイプも基本的にはみんな素晴らしい人たちです。テイカーの上級もすごい。

マッチャーの上級は3タイプで随一、頭がいい。感情的になることはなく落ち着いた感じが特徴です。仕事もバリバリできます。人を使うことにも長けていて、コンサル系の仕事も得意です。

ある民放のテレビ局の役員クラスの方で、非常に優秀な方がおられます。会社に在籍されながら、副業で1億円ぐらい稼いでいます。テレビ局にいるだけで年収は5000万円ぐらいですが、会社が彼に求めていることに対しては淡々と応えていくけれど、そこだけにいるメリットを感じずに、仕事を増やしています。会社にとらわれることのない優秀な方です。また、その優秀な方たち同士で組んで事業を進めたりもしているというタイプです。

マッチャーの中級。 この地球上でもっとも多いタイプです。

淡々とした作業は得意ですが、空気が読めない欠点があります。仕事はできますが年収800万円ぐらいかなという感じです。

新橋にも多く生息をしており、愚痴って上司の悪口を言いながら飲んでいるタイプです。上司がどこでどうした、あいつなんかがどうで、部下がどうで、という感じで、終始愚痴っています。新橋にいるとよく見ます。ガード下とかに大勢います。

マッチャーの下級、このタイプは結構めんどうくさい人たちです、電話で話をしてもよく伝わりません。自分が悪くても謝らないのもこのタイプです。「もうさあ、いい加減上司に代わってくださいよ、なんか文句があるんですか」と、一方的に言ってくるのは、こういうタイプに多いです。

クレーム対応などをしていると、さらにクレームを発生させるようなタイプです。ちょっと人のことを見下していたりします。仕事は下級のギバーよりは少しできるのですけど、性格に難があったりするという感じだと思います。それでいてプライドだけは高いのです。

このタイプとは、あまり関わらないほうがいいんじゃないかと思います。

次、**テイカーの上級です。**

ものすごくカリスマ性があります。声にも張りがあって、多くの人が魅力的と感じるはずです。勢いもあって人を説得することも大得意です。テイカーも上級まで昇級すると、「与える」という義務まで使いこなすのです。

僕が一番すごいテイカーだなと思っているのが田中角栄です。正真正銘のテイカーです。

「列島改造論」などを唱えて、山を削って新幹線を通してしまうのですが、立花隆「田中角栄研究——その金脈と人脈」によると、開発を見越して田中ファミリー企業が土地を安く入手し、莫大な利益を上げます。さらにその土地に建物をファミリー企業が施工する、という構造にしてしまうのです。でも、ここからが上級ならではのすごいところなのですが、この構造に不満をもらす人たちをはじめ、周囲に惜しみなくお金を配ってしまうのです。だから、もらった人は誰も悪口を言わない。

このように自分で貯め込むのではなくて、周りにバラまくのも上級のテイカーです。だから誰も悪口を一切言わないのです、このようにお金を道具のようにして使うのが、上級のテイカーです。とてもカリスマ性があります。

次は**テイカーの中級**です。こちらは接待業などに多いタイプに思えます。目上の金持ちにすり寄ったりするのも得意です。友達と客のランク付けをしたりとかして、メリットがあるとすぐ媚びてきます。夜のお店に多い人たちです、クラブ、キャバクラ、スナックにも多いかもしれません。

テイカーの下級層、僕は通称ペコリーヌと呼んでいるのですが、いつもペコペコしています。周囲に媚びるのです。しかし、この3タイプの下級の中では、一番使いやすくて他人の気分を害さない特徴があります。相手が上の人だと思うと、「はい、すいません、はい、行きます」などと言うのもこのタイプに多い。気に入られようとするので、相手も悪い思いはせず、ある意味、生きやすくはなっているかもしれません。

声のトーンが3トーンぐらい上がってくる人は大体、テイカーです。「ああ、お久しぶりです～」みたいな人です。また、付き合ってすぐに「お前は親友だ」と言ってくる人は大体、テイカーです。「親友」という言葉を使いたがるのです。『ドラえもん』のジャイアンも、「心の友よ」と言いますよね。あれは絶対、テイカーだからだと思うのです。ギバーやマッチャーは、あまり軽々しく親友という言葉を使いません。

すり寄ってきて距離を近くしようとするのもテイカーの特徴なので、一見するとすごく信頼できる人に見えるのですが、そこはやはりテイカーなのです。奪っていこうとするので、表面上のすり寄りにだまされないことが、テイカーと接するポイントなのかなと思います。

3タイプの具体例

例えば、**マッチャーの上級は、弁護士や医者など士師業の職業に多いです。**

でも、相手のことに気を使わないマッチャーの特徴で、医師だった場合、淡々と「ステージ4のがんですね、余命2カ月です」などと、平然と言い放ちます。

夫婦間でも、相手のことを考えずにさらっと、嫌なこと、気に障ることを言ってくる方は、マッチャーなんだなと思っていただければいいと思います。彼らには一切、悪気はありません。

夫婦間で多いのは、妻が「なんで最近、どこも旅行連れてくれないの」と聞く

と、

「え？ 旅行に行きたかったの？ 言ってくれればよかったのに」みたいなことを当然のように返してくる夫がマッチャーです。

「言わなきゃ分かんないでしょ」と、淡々と言います。

飲み会などでも、空気が読めない人にはマッチャーが多い。あまり感情が動かない人なのです。

テイカーの気質を刺激するスポーツは例えばゴルフや野球です。**勝負強いのもテイカーの特徴です**が、その集中力は、ギバーとか、マッチャーでは到底勝てないんじゃないかなと思います、勝負事にはすごく強いイメージがあります。

テイカーのいいところから学ぶことも大事なのですが、近くにいると、いろいろと振り回されますので、そこだけは注意が必要です。

自分が例えば、「俺は甲子園に行くぞ」と決めたら、相手が甲子園に行く気がないのに、「よし、練習行こう」と言って引っ張っていきますので、簡単に分かります。いろいろと振り回してきますので、ギバーの人はあまり近寄らないほうがいいかなと思います。マッチャーの人だったら、淡々としているので、言い寄られても適当にあしらって、面倒なことにはならないかもしれません。しかし、**テイカーはそんな感じですので、ちょっと距離があったほうがいいかもしれません。**

以上がそれぞれのタイプの特徴です。前にも述べましたが、タイプそのものは変えることはできませんが、それぞれ下級から上級へと昇級することは可能です。**例えば昇級がとても難しい下級ギバーでも、よい人であることをやめて、嫌われる勇気を持つ覚悟と決意を持てば、昇級できます。**

タイプ別に守護神として付きやすい神さまの特徴

さて、以上の特徴を参考に自分のタイプを見定めていただいたうえで、タイプ別に守護神として付きやすい神さまはどんな神さまかを述べていきます。

まず**ギバー系は天照大神《あまてらすおおみかみ》です。ギバーには多種多様な神さまが付きます。**ポンコツな人も多いので神さまからはかわいがられやすいのです。**観音さまが付いている方も多いです。**

ギバーの方は神事をやらないと、絶対不幸になります。僕が知っている例ですが、テイカーの人に引っかかったのですけれど、なにも断れないものだから、車を無理やり買わされたうえに、その車をそのテイカーのものにされたりして、財産が残っていない人もいます。この人は、人間にはいい人しかいないと信じているくせに、神さまを信じていない人なのです。そのため、持っているものを奪われてしまいました。

でも神事をやっていると、なんとか騙される寸前で詐欺に遭わなかったりとか、うまく止められるのです。ギバーの方は絶対に神事をやったほうがいい。神さまが守ってくれます。

僕の場合は、天照大神と九尾のキツネ、そして不動明王が守護神です。この三つがいつも大体、付いています。総じて、ギバーの方たちはいろいろとかわいがられやすいです。

次は、**マッチャー系の神さま。菅原道真とか、人間の形をした神さまが多いように思います。神さまが、淡々と語りかけてくる、という特徴があります。**

マッチャーの方は淡々としているので、菅原道真系の所に行かれるのがいいんじゃないかなと思います。

もちろん、マッチャーの方でも天照大神や不動明王が付いてる方もいらっしゃいます。

次は**テイカー系の神さまです。**

九尾のキツネは金運の神さまで、金運を上げてくれます。神さまからの金運をちゃんと返せば問題なくお付き合いしていけると思います。テイカーには不動明王系が付くことも多いです。金運系が多く、テイカーの方で、熱心に奉納している方もたくさんいらっしゃいます。

奉納すると、返ってきます。伏見稲荷もいいですね。

神事に関して、テイカーは惜しみなくやりますから、奉納したものが返ってくるとともに、借金まで、事実上踏み倒せている方もいらっしゃいました。

自分のタイプを見極め、特徴を生かしてもっと幸せになる秘訣

まずは自分を知りましょう。

自分を知れば人生の歩み方が分かってきます。そして、他の誰かに憧れないことが、幸せになるコツです。

自分自身に与えられた肉体的条件は変えられないのです。僕が大谷翔平さんに憧れて、身長を伸ばせるか、と言ったって無理ですよね。

憧れては駄目なのです。

自分自身の特徴が何かを知れば、自分にしかできないことが必ず見つかります。

それを分かることこそが、もっとも大切なポイントではないかと思います。

『暗殺教室』という漫画があります。

この中で赤羽業《あかばねかるま》君という人物がいいことを言っています。彼は頭も良くて運動神経も良い、リーダー格で、みんなが憧れています。しかし、彼はあるシーンで「みんながみんな、才能が個々に違うから、みんながみんな天才なんだ」と言っています。

例えば話すのが得意な人もいれば、運動が得意な人もいます。

一人ひとりがそれぞれ違う才能を持っています。その自分だけの才能を見つけて磨くべきです。まさに「世界に一つだけの花」の歌詞ですね。

自分自身で何かしら得意なことを発見してそれを磨くことです。磨いていくと人生はポジティブな方向に変わってくるはずです。

そのためには、今まで述べたタイプを参考にしながら、自分がどういう人かをまず知ってください。

自分がどういう人間かを知るためには、自分で分析するよりも、周りに言われることのほうにメッセージが多いはずです。特に幼少期、子どもの頃です。5歳以下のときに絵が得意だったとか、いつもレゴですごいものを作っていたとか、そういうものを自分の特徴として捉えていくと、いいんじゃないかと思います。

歳を取ってくると、嘘に塗り固められてしまって分からなくなります。毎日の仕事で、同じ単純作業を20年も続けているから、自分が何に優れているかが分からない、という方が結構いると思います。分かるようにするには5歳ぐらいのときまで一回、感覚を戻してみたほうがいいと思います。**もう一度、原点に返ることが大事なんじゃないかなと思います。**

自分だけの人生を歩んでみてください。自分だけの人生です。他人と比べることはないのですけれど、自分にとっての良い人生、悪い人生はあります。

それはゲームの言葉で言うと、グッドエンディング、バッドエンディングというものが、人それぞれの人生にあるということです。

今が最高だと言えるならグッドエンディングに向かっています。

自分のタイプを見極め、自分を磨いて、神さまの導きに感謝して、最高のグッドエンディングに向かってください。

【基本編】

—ステージ2—

神さまを拝む

神さまに自然に応援される人の条件

神さまに手を合わせているから成功する、というわけではない。このことをまず意識してください。

どういうことかと言うと、例えば、Aさんは神さまをすごく信仰していて、いつも神さまに手を合わせています。Bさんは「神さまなんていないよ」と言って、信仰していない。こんな二人の人がいたとします。

ここで、誰かが川で溺れている時に、Aさんは、「神さま助けて」と祈っているだけだとします。Bさんは、自分から飛び込んで人を助けますが、溺れている人を抱きかかえたときに、自分も溺れそうになるとします。

そのときにBさんのところには神さまがやって来て助けてくれます。

神さまは、自分のことを信じてくれている、拝んでくれているから助ける、また信じていないから助けない、というわけではないのです。ちゃんと真っ当に生きているかどうかをまず見ているのです。

例えば、何もしない、働かないでホームレスになった人が、自販機の下の10円玉を拾い、それをお賽銭箱に入れて、いいことが起きますようにと願っても、決していいことは起きないのです。

それは、真っ当に生きていないからです。**ちゃんと生きているということに、神事がプラスされることによって、初めていいことが起きるのです。**

例えば、僕も先日、門前仲町の深川不動尊に１００万円を奉納して来ましたが、１００万円を奉納したからといっていいことが起きるわけではないのです。まず日頃の感謝があって、神さまが守ってくれていることにも感謝して、納めに行っていることが大事です。いいことが起きる前提で奉納するわけではありません。

日々、一生懸命、生きているなかで神事を行うことが大切なのです。みなさんも、毎日を一生懸命生きながら、さらに神事にも真剣に取り組んでいただけると、人生は好転してくるのだという感じがいたします。

神棚を拝んでいればいいことが起きますよ、というわけではありません。

以上のことを前提にして、神さまの拝み方をお伝えしていこうと思います。

神棚を設ける

まず**神棚を設置すること。これが第一の条件だと思います。**

神棚は値段が高いものでなくてもいいです。伊勢神宮の茅葺《かやぶき》屋根みたいなものでなくても大丈夫です。10万円、20万円もかけて、「神棚をちゃんと設置しているぞ」と頑張らなくても大丈夫です。

ただ、一番駄目なのが、**カーテンレールの上に神さまのお札を載せている人。これは、絶対にいけません。**

神さまは、怒っています。相当、失礼なんでしょうね。ポンとカーテンレールの上に載せておくのではなくて、きちんと棚の上に神棚を設置してみてください。

明治神宮に行ったときに、そこの神さまとお話ししたのですが、そのとき「目上」という位置が大事だという、メッセージをいただきました。

「目上」とは何かというと、目の高さの上にあるから、「目上」と言っているのだそうです。だから、目の高さよりも上に神棚を置かなくては駄目だと言っていました。

目の高さより上に神棚を設置してください。 高過ぎなくても大丈夫です。頭の上であればいいと思います。

大きさなのですが、インターネットで検索して、値段は安くてもいいので、できればお酒やお水が載るぐらいの台があるものが、いいと思います。

簡易的な神棚ではなくて、ちゃんとした神棚タイプのものを選んでください。

1万円くらいのものでも構いません。

神棚の状態

神棚に、お札などをたくさん祀ってても大丈夫なのですが、お札を重ねるのは、神さまは喜ばないようです。また、神棚は、例えば50年以上経っているような古いものはあまりよろしくないかなと思います。お札もあまり古いものはよくありません。まっ茶色になっているようなものは、ぜひ破棄してください。

以前、深川不動尊で聞いたことがあるのですが、お札を火であぶりながら拝んでいて、その火にエネルギーが入っているそうです。つまり、そのエネルギーをもらってくるわけです。

ところが、1年から2年ぐらいでそのエネルギーは切れてしまいます。1、2年は大丈夫なのですが、何10年も経ってすでにエネルギーのなくなったものを置き続けているのはよろしくありません。

伊勢神宮のとにかくすごいところは、式年遷宮を続けていることです。お社を20年周期で、新しく建て直したものに移していくのですが、建てられていない方の土地を

▲望ましい神棚の例。お酒と水は毎日、替えます

20年間かけて浄化するのです。

20年ぐらいで、その社にエネルギーがなくなるということを知っているから建て直すのです。これと同じように、神棚も何年か経ったら新しいものにしていくといいと思います。**神棚の場合なら、5年から10年ほどで替えていく**のがいいのではないかなと思います。

次は、設置する場所についてです。よく方角にこだわれ、と言われますが、方角ではなくて、**日が当たる所がいい**と思ってください。設置する場所も大事なのですが、より**大事なのは、毎日、神さまにどれぐらいきちんと感謝しているかです。**

神棚を拝む際に注意すること

神棚に手を合わせるのは毎日行います。水、酒は毎日、替えます。前日のものは流して、毎日、新しいものを入れてください。榊《さかき》はなくても大丈夫です。神さまは文句を言ってきません。造花でもＯＫですね。塩もなくてもかまいません。大切なのはお水とお酒だけです。

お酒も大吟醸じゃなくては駄目だとか、そういうことは神さまは言ってきません。「なんだ、大五郎とか置きやがって」みたいな、あるいは「久保田が飲みたかったのに」とか、そういうことは言ってこないですね。「獺祭、飲ませないのか」なんて言ってきません。

ただ、いいお酒をいただいたりしたときには、一回、神さまに上げてから飲んだりします。

僕はたまにカクテルを作ったりするのですが、神さまはリキュール系、カクテルみたいなお酒は、嫌がっていましたね。

また、**神棚から下げた後は、僕はいつもシンクに流しちゃいます。基本的には流しちゃって大丈夫**ですし、料理酒に使ってもいいと思います。むしろ、できた料理の波動が良くなっていると思います。

お供えをする器ですが、特に決まっているわけではないのですが、できれば、人間が飲むようなお猪口《ちょこ》ではなくて、**神さま専用のものを購入したほうがいい**と思います。

僕は豊川稲荷の器に入れています。豊川稲荷の容器と、深川不動尊のものにも入れていますが、別に、それは怒ってないですね。深川不動尊の神さまが、「なんで、おまえ、豊川稲荷のやつで入れているんだ、この野郎」とかは言ってこないです。

お札の値段ですが、普通にご祈とうを受けてから、3万円、5万円、10万円という価格帯でお札をいただくことになるのですが、**3万円や5万円のお札でいい**のではないかなと思います。

10万円のお札はとても大きいのですが、一緒に入ってくる粗品みたいなものが増えるだけですので、5万円のお札と変わらないのではないかと、僕は見ています。僕はいつも、5万円です。もちろん3万円のお札でもいいと思います。お勧めは布に包まれているものですね。

また、**神棚に魂入れをしなくても平気**です。僕はしていません。していないけれど、ずっと拝んでいると、神さまはちゃんと来てくれます。ずっと拝み続けるということこそが大事なのです。神棚に魂を入れてもらった、と言う人もいますが、実際に見てみると、神さまがいないことも多いのです。逆に言えば、**毎日ちゃんと拝んでいると、神さまはちゃんとやって来ます。**

神棚を置く部屋の天井に、雲の字の木札を貼れ、とよく言われているのですが、関係ないと思います。僕も貼っていません。なぜ、あれを作ったのかがわかりません。単に商売的なものじゃないかとも思います。

神棚の、お水とお酒を替えるときは、いろいろなものを触った手ではなくて、手を洗ってから、何も触れずにそのままで替えたほうがいいでしょう。すなわち「清めた手」です。

よく神社に参拝する前に手を清めますが、あれは神さまのものを触るから清めているわけで、逆に言えば、神さまのものを触らなければその必要はありません。お神酒を替えるのだったら、絶対手を洗ってそのままやったほうがいい。紙などに触ったときには、「もう一回洗ってこい」って言われましたからね。

祝詞を上げる

朝1回でも構わないので、祝詞を上げることをお薦めします。祝詞の例は文末の参考の項でご紹介します。特に、キツネさん系の神さまは喜ぶ感じがします。

僕の場合は、今、神棚が二つあるのですが、そこのキツネさん系の神さまには祝詞を上げていて、お不動さんのほうには座禅しています。

周囲の置物

家の中に人形やフィギュアなど、顔のあるものを置くと、念がこもるとか、幽

霊が付きやすいと言いますが、これは本当です。

洋風の人形で、髪が金色の巻き毛になっているものを置いてある所に行ったのですが、人形をぱっと見たときに、僕と目が合っているな、という感じがしました。これは必ず悪霊が入っています。ですから、あまりこういうものは置かないほうがいいんじゃないかなと思います。

刀とかよろいなどが好きで置いている方もいらっしゃいますが、これは波動が悪いのです。できれば古いもの、骨董品みたいなものはあまり置かないほうがいいかなと感じますね。

ぬいぐるみにも結構、霊が入ります。寂しい気持ちを抱いている子どもが、ぬいぐるみを抱っこして寝るたびに、子どもの幽霊が入って来ます。だから、できれば、そういうものも破棄しながら、新しいものに替えていったらいいかもしれませんね。

怪奇現象が起きる家

そもそもの話になりますが、**怪奇現象が起きる所は、基本的にすぐ引っ越したほうがいい**と思います。

お祓いもできるのですが、引っ越しが一番簡単です。根本的な解決になります。本当にいろいろな問題を抱える物件があって、入った瞬間に、何かおかしいなと思ったり、妙な違和感を覚えたら、いくら家賃が安くても、やめたほうがいいでしょう。その違和感には何かしら意味があります。

マンションでしたら、**入居者の入れ替わりが激しい所は危険**です。ブルーの緩衝材で、壁などを傷付けないように養生シートが常に貼ってあるような所は、誰かしらが引っ越しをしているわけですが、それがあまりにも多いマンションは、気が悪いのです。そういう場合は、不動産屋さんに「ここ出入りが激しいですか」と聞いてみてください。「激しいです」と言われたら、やめておいた方がいいと思います。実際に僕もそういう場所で、幽霊が出て来るのを確認したことがあります。

高級マンションでもそういうことがあるので、違和感を覚えたら、すぐ引っ越したほうがいいと僕は思います。

感謝の気持ちで拝む

神棚だけではなく、神社、神さまを拝むときに必要なのは、感謝です。

神さまに、自分の欲だけを考えて、それが実現するように「お願い」をしては駄目なのです。

これは大事なことです。

感謝を支えている言葉は、「当たり前」です。

この日本に生まれてきているのは、当たり前のことなのですが、そのことに感謝していないというのはあり得ないのです。

すごくいい動画があったので、内容をご紹介します。

「おまえ、本気で生きているか」と、Aさんが問いかけます。

「生きています」とBさんが答えたのですが、Aさんは、何か納得していなくて、Bさんを海に連れていきます。

そこで、ぐーっと、思い切り水の中にBさんの体を沈めるのです。その結果、溺れそうになってしまいます。それを何回か繰り返すので、

「何をするんですか」と言ったら、

「おまえ、当たり前に空気、吸っているだろ」と話しかけます。

「でも、空気が吸えなかったら、吸えた瞬間にどれぐらいうれしいか分かるか」

と続けるわけです。

この空気が吸えるのも、いろいろな幸運が重なってできていることであり、当たり前ではないのです。しかも、空気は酸素濃度21％ぐらいなのですが、これを下回り過ぎると、もちろん酸欠になるし、多くてもおかしくなるのです。

だから、ちょうどいいバランスで人間は生きているようなもので、**この全ては奇跡的なことであり、当たり前に起きていることではない**のです。それが分かっ

てくると、感謝することの大切さに思いが至るのではないでしょうか。全て当たり前ではないのです。

感謝には3つの段階があります。

まず、**第1段階**はもちろん、心地よいことを与えてくれたことに感謝する。お茶を出してもらったら、ありがとう、こういう種類の感謝です。

第2段階は、嫌なことへの感謝なのです。ある時、とても嫌なつらいことがあったとしても、そのつらいことがあったからこそ成長できたなと、やがて思えてきます。つまり悪いことに感謝です。

第3段階は、これが一番難しいのですが、「当たり前」に感謝なのです。今この瞬間、生きていられていること、そのことに感謝することです。

この3段階の感謝があることを踏まえた上で、一日1回でも2回でもいいので、何かしらに感謝したほうがいい。

この**感謝の気持ちを神さまに伝えることが大事**です。

参拝のしかた

前項にも述べましたが、**参拝の際に、「お願い」をしないことがまず前提**だと思います。基本的には感謝の気持ちを伝えに行くことです。

例えば、A君、B君がいたとします。A君は、毎日、「ママありがとう」とか「パパありがとう」と言っています。B君は、「なんでこんなことをするんだ」とか、文句ばかり言っているとします。

どっちがかわいいか、といったら、当然、A君ですよね。「ありがとう」と言ってくる。

神さまも同じです。**感謝をする人には与える。文句を言う人には与えない、ということです。これは宇宙のルール**なのです。

例えば、優れた社長さんほど、「いつもありがとうね、どうもね」と言い続けている方が多いのです。当然、その会社は業績も良くなります。その反対に、いつも文句を言っている方の会社はあまり豊かではありません。

このように、神さまは感謝を大切にする人ほど、導こうとか、何かを与えようとします。ぜひ、感謝の気持ちで拝む、という参拝の基本を身に付けてください。

参拝の時の服装にもこの考えが当てはまります。

僕は、豊川稲荷に参拝に行く時もそうですけど、特別な服装、フォーマルで来いと、神さまに言われない限りはカジュアルな格好のままで参拝に行っています。でも、神さまは「おまえ、ふざけんなよ、フォーマルで来いよ、ネクタイして来いや」などとは、一切、言わないのです。

なぜかと言うと、神さまは参拝に来る人が、感謝の気持ちをどのように捉えて行動しているか、によって判断するので、フォーマルな格好をして行って、「お願いします」と言っている人間よりも、普段の格好で「日頃の感謝で100万円納めに来たよ」と言っている人の方を助けるのです。

だから、**感謝の気持ちがあれば、汚らしい格好じゃなければ、フォーマルじゃ**

なくても大丈夫。普段着でＯＫではないかと思います。

参拝の際は、作法として、鳥居の前でお辞儀をして入ったほうがいいと思います。ただ、それを忘れたからといって、神さまがすごく怒るということはないのですが、マナーとしては一応やっておいたほうがいいんじゃないかな、そんな感じです。

参拝の時間は16時までにしたほうがいいと思います。神域はパワースポットと言われるので、良いものも悪いものも集まって来ます。夜は行かないほうが、いいのではないかなと思います。

参拝するタイミングですが、まず、**良いことがあったらすぐに参拝してください。**

今回、僕は、「お金がいっぱい入ってくるタイミングがあれば、すぐに来い」

と言われていました。何も起きないまま、3カ月間、5万円の札を5枚飾っていたのですが、3カ月たってタイミングに恵まれましたので、また新たに5万円の札をいただいて替えてきました。

良いことがあって参拝する際には、頭を下げるようにして下さい。二礼、二拍手しますが、手は二回たたかなくてもいいと思うのですが、頭を下げると神さまは喜ぶような感じがします。これは礼儀でもありますね。

昇殿して参拝する際に納める金額ですが、3万円以上のような感じですけれど、根本的にあるのは神さまに愛を伝えることなので、**5万円ぐらいでいい**のではないかと思います。1万円だと、ちょっと少ないかな、という感じはします。

僕のように、神さまから言われた人は、「100万円納めろ」と言われたのに、10万円では通用しませんが、特別に神さまからの声が聞こえなければ3万円、5万円でいいのではないかなと思います。

余談ですが、**「お守り」はあまり効果はありません。**だって、一方にカタログがあって、200円と書かれているものを500円で売ったりしていますからね。あまり効果はありません。でも木札はエネルギーが入っていますから意味があります。

奉納の意味

神さまには身体がないので、この世界で物理的な作業をすることができません。

例えば、神さまがAさんに100万円をあげて、Aさんはそのお金を全部、自分のために使ったとします。また、Bさんに100万円を渡したら、20万円を奉納したとします。すると、次はBさんのほうだけにお金を流して、社とかを建て直そうとする習性を持っているのです。

このために、神社仏閣にお金を寄付していくことを、僕は一番の投資だと呼んでいるのです。

神さまからのメッセージ

さて、以上のように神さまを拝んでいますと、神さまからのメッセージが届くことがあります。ここでは、危機に見舞われそうになった時、実際に感覚として理解が可能だと思われるメッセージの一部をご紹介します。

なお、金運、結婚運、仕事運など、それぞれの悩み事に対する神さまからのサポートについては、「応用編」で述べていきますので、そちらをご覧ください。

神さまからのメッセージには、シグナルが3回ある、ということがポイントです。

3回、シグナルが来たら、絶対にそのシグナルを覚えておいたほうがいいのです。

例えば、電車の中吊り広告を見たら、「最近の風邪に注意」という見出しが目に付いたとします。これを見て、なるほど、と思ったあとに、家に帰ってテレビをつけたら、最近の風邪についての報道を目にする。ここで「はあ」と思ったら、夜、お客さんが来て、帰る時に、「ああ、俺、風邪引きそうだよ」って言っていたら、もう「風邪」という単語が短時間で3回、出てきています。

こんな時には何かあると思ってください。

大体、3回ですね。**3回あると、メッセージが強いことになりますから、メモに書いておいて、注意をする**ことが必要になると思います。

これは対人関係や、現在の生き方についても同様です。

例えば、「相変わらず頑固だよね」と、何人かから言われたときは、守護神が言わせている場合が多いのです。これに気付くことはとても大事で、自分が言われたことを気にして改めると、ピタリと言われなくなります。

僕も、若い頃、散々言われてきているのです。「頑固だ、駄目だ」と、守護神から告げられてきました。それに対して、「うるせえ」と反発して生きてきたのですが、この守護神にボコボコにやられて真人間になり、そうなってくると誰からも悪口を言われなくなりました。みなさんもメッセージに気付いたら、なんでも書いておいたほうがいいです。

メモに残しておくと、何度気付いたかについて、あとでその統計が見られます。

メッセージを受け取りながら失敗した例

整形手術に失敗した例を挙げます。

「なんかメッセージあったでしょ？」と僕のところに鑑定に訪れた人に聞いてみたら、「いや、あったんですよ」と答えてくれました。

整形手術を予約した直後に、首筋がゾワゾワと感じることがあったそうです。その人は特に霊感があるわけでもありません。何かのメッセージかなとも思ったそうですが、本人は、すごく顔にコンプレックスがあり、どうしても整形して直したかったので、そのままにしておいたのです。

そして手術前1週間ほどになったとき、寝ていて夢を見たそうです。昔、子どもの頃に遊んだ神社の風景が出てきたのです。夢の中で境内を通っている風景が見えて、最後に、何者かに後ろからどんって押されたので、「やめろ」と叫んで起きたそうです。そのときはよく分からず、なんの意味だろう、という程度に思ってそのままにしておきながら入院しました。すると、またゾワゾワがさらにひどくなったらしいのです。

しかし、そのまま手術を受けたのですが、これが日本でも症例が1件しかない、すごく稀な手術ミスになってしまったそうです。

今もその後遺症に苦しんでいて、「この辺がしびれていて死にたいです」と言っているのですが、それはメッセージを無視したからなのです。

メッセージは大事なところで必ず来るのです。

メッセージはさまざま

メッセージは言葉で来る場合もあれば、何らかの知らせとして来る場合もあります。

例えば、こんな人がいました。

車に乗ろうとした際にお財布を忘れた人がいます。実はこれも守護神の、「タイミングをずらしたほうがいい」というメッセージなのです。

この人は僕のお客さんです。お財布を忘れてしまったことに気付いたのですが、Ｓｕｉｃａにお金が入っていてこれで買い物ができるから大丈夫、と考えてコンビニに向かいました。

その結果、車に突っ込まれる事故に遭ったのです。

この場合、お財布がないと思って部屋に戻れば、店に着く時間が遅れて、車が突っ込んでくるタイミングに合うことなく、無事だったはずです。これが守護神からのメッセージだったのです。

だから、もし部屋に戻って、忘れ物がなかったのに、と思い返しても、そのまま部屋に30秒ぐらいはとどまってほしいのです。**ちょっとしたことで、危険なタイミングがずれるのです。神さまがずらそうとしてくれているのです。**それも神さまのメッセージなので、何でも意味を考えてほしいのです。

全てに意味があります。 最近、落とし物が多かったら、そのことに何らかの意味があると考えてほしいのです。

僕も時計をつけ忘れちゃったなと思ったときがあり、部屋に戻ったら、「今、おまえ行くなよ」と神さまに言われました。そこで、30秒待って出ていくと、うまくトラブルに巻き込まれなかったということがあったのです。

何か忘れ物をしたときには、守護神が、「今、行っちゃ駄目だよ」と言ってくれているのだなと思ったほうがいい。

メッセージは僕も何回か声で聞いているのですが、肉声で聞くことはあまりありません。

基本的に、守護神の言葉はテレパシーみたいにして下りてくるのです。

19歳ぐらいの頃、深夜に車を運転していたときのことです。1時ぐらいだったと思います。いつも通っている川崎の道なのですが、交差点で青信号に変わったから、ぐいっとアクセル踏んだのです。すると、右の方からすごく嫌な感じがしたから振り向こうとしたら、女性の声で「振り向いちゃ駄目だよ」と言われたのです。

そこで振り向かないままアクセルをさらに踏んだら、後部座席に車がドーンと突っ込んできたのです。居眠り運転のタクシーでした。70キロぐらいの速度です。

幸い、運転席にいた私は無事でした。

振り向いてアクセルを踏むことをやめたら、前部の運転席に突っ込まれて、多分、死んでいたのです。あのとき、アクセルを踏ませてもらってよかったなと思い返します。神さまは、この人、死んじゃうよ、という場面では、守ってくれるのです。**命に関わるようなことではきっと守ってくれます。**

ただ、普段は違います。「おまえ、頑張ってね」と、やって来るのが守護神なのです。「守護」と書くからといって、なんでも守ってくれるというわけではない感じです。超ピンチに陥らないと守ってくれないのです。そのように思っていただけたらと思います。

小さなサインを見落とさない

事態が大きくなる前に気付くことが大切です、小さなサインに気付くこと。物事は、些細で小さなものから大きなものに膨らんでいきます。

一番いい例が虫歯ですね。検診に行かなかった、水がしみてきた、お湯がしみてきた、そして最後に抜歯というふうに悪化していきます。そのように、必ず事態は大きくなっていきます。

そのため、まず**一番に注意することとしては、身内の方からの言葉**です。身内の方のほうにメッセージが強く下りてくることがあります。

お母さんが急に、「あんた、健康診断、行ってる？」などと言い始めたら、非常に危ない。神さまが言っていると思ったほうがいいです。これを無視して、大腸がんになった人がいますので、ぜひ、身内の方からのメッセージには耳を傾けたほうがいいと思います。

神さま・守護神は絶対に付いている

基本的には、**守護神は皆さんに、絶対付いています。**

僕、神さまが付いていない方は、見たことがないんじゃないかなと思います。必ずいます。

まず、**この事実を体感することです。**

神さまは見えないから、分からないとは思うのですが、まず手を合わせて、ちゃんと神さまが付いていると、意識してみてください。肩の辺りが温かくなったり、背中が温かくなったら、それは、いるよ、というサインです。

そういうところから始めてもいいと思います。ですから、神さまが見えないからいない、と判断するのは、やめたほうがいいと思います。神さまが付いておられることを体感していくと、本当に、いろいろなことを感じやすくなったりして、運気が良くなります。トラブルがあってもうまく解決できるようになります。

良いことが起きやすくなるのです。

できれば、まず、ちゃんとした信仰心を持つことです。特定の宗教団体に入らなくても全く問題はありませんし、僕も宗教団体には入っていませんが、神棚に手を合わせる、お酒を替える、お水を替える、といった神事は毎日やっています。僕は神さまの声が聞こえるから実践していますが、**誰でもやったほうがいいと思います。**

「榊とか替えろよ」とか、「榊が枯れているぞ」などとは言ってこないですし。「なんで、お前、盛り塩してねえんだよ」とも言ってこないですし、米なども「これ、古いじゃねえか」と言ってきません。

ただ前述したように、お酒とお水を毎朝替えるのをしっかりと実践して、「いつもありがとうございます」と本当に感謝して拝むことが大切なのです。

僕も、守られている時間を実感しているからよく分かるのですが、ぜひ、実践してください。素直な方ほど、実際に守護神に気持ちが届きやすくなります。

#【基本編】

―ステージ3―

必殺技「引き寄せノート術」

自分を知ること、神さまの拝み方、神さまのメッセージの在り方を一通り述べたところで、神さまが願いを叶えてくれる実践的な方法をご紹介いたします。

「引き寄せノート」を作り、願いを書き込み、そして願いを叶えることは誰にでもできます。

僕がスピリチュアルカウンセラーで、幽霊が見えるとか、神さまが見えたりとか、交信できたりとか、宇宙人に会ったから、という理由で引き寄せができているわけではありません。これが前提です。

皆さん、必ずできます。

まずはノートを使って、自分の手で、願いを書いていくことから始めます。

引き寄せノート術は、ちゃんとやれば誰にでもできて、早い人は3日で効果が出ます。

なぜ書くことで、引き寄せができるのか

自分の手で書くことによって、不思議なエネルギーが入ってきます。

僕は昔からある程度パソコンが使えたのですが、不動明王から「書け」と、強く言われてきたのです。

今思えば、やはり単にキーボードをたたくのではなくて、手で書くことにより、願いを潜在意識に刷り込むことができる、書き換えることができるというのも体感できました。

僕は貧乏でした。

僕が貧乏を体験していないと、みなさんに「僕ができたから、みなさんもできますよ」と強くは言えなかったと思います。僕が初めからできていたら、「先生だからできるんでしょう」ということになってしまう。そのためにも一回、神さまが貧乏を経験させてくれたのかとも思います。貧乏の頃はとても苦しかった。でも苦しい部分があったので、いろいろなことが見えるようになってきました。

結果的に今思うと、その頃のことにとても感謝ができます。こうしてみなさんにお伝えすることもできるようになりました。自分自身の体験に基づくことですので、この体験はみなさんに必ず当てはまり、みなさんも必ずできるようになると思います。

書くことで波動が入る。波動とは?

なぜノートに書かないと叶わないのか、ということですけれど、**書くことによって波動が入る**のです。

全てのものには波動があって、例えば絵で言うなら、コピー品に比べてオリジナルのものには波動が入っています。

しかし波動という点に着目して逆に言えば、贋作、偽物であっても、何年もだまし続けられた絵があるのは、その贋作を作った人が本気で描いた波動が入っているから、分からないということです。そのためオリジナルのものよりも波動が高くなったりする場合もあるのです。とにかく、波動が入っているものは、その力がみなぎっています。

書いたものには全部、波動が入っていきます。

僕は波動を感じる人間ですけれど、ノートに書いている時、ネガティブな気持ちでいる時は決していいノートになりません。ページから伝わる波動が苦しかったりするのです。なるべく心がいい状態の気持ちで書いてください。そのエネルギーはイコール波動なのです。

ものに波動が入る実例

日本でも5本の指に入る画廊の方がいて、数年前、その人の家に泊まらせていただいたことがあります。そのお宅にはトイレに耳の形のオブジェがあって、いやな波動を感じました。そこで「これ、波動がとても悪いですよ」と言ったら、「そうだよね、その作者、自殺したからね」と、その方が言っていました。

でも、面白いのです。この作家の絵画作品もたくさん飾ってあって、「この絵とこの絵、とても波動が悪いですよ」というものほど価格が高かったりするのです。おそらく、病んでいる方が、それに引かれて買うのだと思います。

また、ビジュアル系バンドと呼ばれるミュージシャンがいますよね。V系って言われていますが、こういう音楽をよく聴きに行く女の子は、みんなピアスをたくさんしていて、なんかネガティブな暗さを感じるのです。

自分の波動が低いから、波動が低い音楽を好むのですね。逆に「先生に除霊してもらってから、そういうV系のバンドの音楽は一切聴かなくなって、クラシックとか賛美歌を聴くようになった」と言ってくる人もいます。波動が低い人は、クラシックや賛美歌などを聴くのをすごく嫌がるのです。

料理も波動で味が変わる

「料理は愛情!」というキャッチフレーズの番組が昔ありましたけれど、**料理も**

波動で味が変わります。　ですから、料理は愛情だと思って作ると、その気持ちでいい波動が入ります。逆に作っている人が何も考えずに適当に作ると、まずくなってしまうのです。

愛情の波動が肝心です。

願い事をノートに書く

波動についてご理解いただいたうえで、「書く」という作業に入ります。

波動が重要なので、願い事をノートに機械的に書いては駄目です。**字は汚くても大丈夫です。ただ、思いが入ってほしいのです。また、何回も繰り返し書いたほうがいい。ぜひ何回も繰り返し書いてください。**

7年か8年ぐらい前に、引き寄せを教えているという話をしたときに、「引き寄せを教えているなら、見てほしいです」と言ってやって来た人がいました。「僕も引き寄せをやってるんです」と話していたので、ノートを見せてもらったら、『年収２０００万円』という字で埋め尽くされていました。ノートの半分ぐらいを使って書いていました。

見せてもらってすぐに、「絶対叶うと思いますよ」と話しました。それぐらい思いが入っていると伝わります。強い思いが入るということが大事です。

文字の大きさはあまり関係ありません。

雑に使ってもいいです。大きく使ってもいいです。僕は結構、大きく使う方ですが、それで大丈夫です。

大事なのは、書く習慣を身に付けることです。以前、経営者の仲間の方でしたが、その人のノートを見せてもらったら、一つだけ書いて終わっていました。『年収、幾らにする』と書いて、それだけでそこから一つも書いていませんでした。それでは願いは叶いません。ずーっと毎日書き続けるぐらいのほうがいいと思います。

書いた日の日付を付けるのも大事

日付を入れてから、願い事を書き始めたほうが絶対にいいと思います。

この日付自体に波動は入らないのですが、後で振り返ったときに、自分の願いがどれだけ叶ったかが分かったりします。今の願いが、来年のある特定の日に叶ったりしますので、引き寄せの願いと実現を客観的に見ることができます。客観的に見られるようにしておくと、ノートの重みも増します。

人間の身長と同じで、子どもの頃は毎日のように測っていても、身長が伸びてきたなという実感がしないのですが、日付を入れておくと、実際は伸びていることが分かります。これと同じように、**引き寄せも少しずつ勝手に実現していくので、ぜひ日付を書いてもらったほうがいい**と思います。

ただ毎日書く人は、日付で区切らないほうがいいのではないかとも思います。都合のいい期間を一つのブロックにして、何日から始めて、何日で終わったというように書いていきます。そうすると過去の状態を、探すときに楽です。

取りあえず書く習慣が、すごく大事

繰り返しになりますが、慣れるまでは、『年収2000万円になります』などと毎日書いてください。何回書いてもいい。文字の練習みたいに書いてもいいでしょう。取りあえず書きまくったほうがいいのです。

一つしか書いてないと、潜在意識には入らず、刷り込まれていないので、結果として叶わないことになるのです。**狂ったように書き続けるのがポイント**です。ぜひ写経のように、書いてみてください。

ノートをいっぱいに使って、文字を大きくしてもいい。逆にノートの文字を小さく、きれいに詰めて書いていると、ノートがなかなか終わらなくなります。

ノートいっぱいに、大きく書くようなイメージです。

かわいいのが好きな女の子でしたら、かわいらしくデコレーションして書いてもいいですし、男性は雑に書いても大丈夫なんじゃないかな、という感じがします。ただ一つ、書く習慣が大事です。

神棚に置く

一日、**書き終わったら神棚に置きます**。

翌朝、また書き込んでいったら、身近な机の上にぽいっと置いておくといいと思います。

目に見える場所にあるほうが書きやすいためです。一回一回、棚にしまって出さなくてはいけないと、棚の出し入れだけで億劫になってしまいます。だから、できれば夜は丁寧に扱うけれど、昼間は雑に扱ったほうがいいと思います。すぐに書ける場所に置いておくのがポイントです。**書くことを当たり前にして、要は仰々しくしないこと**です

座ってお辞儀してから書くとか、自分なりの仰々しい作法を取り決めてやっても、それは続かなくなり、結局やめてしまうことになり、願いが叶わないことになってしまいます。作法を取り決めても、1日、2日はできますが、毎日はできなくなるものです。だから、単純にひたすら書くことだけを日々の習慣にするこ

とが、このノート術のポイントだと思います。

だいたい、半年ぐらいで1冊作っていくような感じで、年間に2冊ぐらい作れるといいですね。

僕は、**ノートに書きながら、書いていることを口に出す**ということを最近始めています。

口に出していると、すごくいろいろなことが引き寄せられてきます。例えば『スピリチュアルカウンセラー』というのを口に出し続けた結果、どんどん引き寄せが起こるのです。

書いた後にイメージする

書いた後、その書いた内容が実現したシーンをイメージします。

書くのが先で、イメージは後のほうがいいと思います。書くことも、イメージすることもどちらも大事で、どちらもやらなければいけません。もちろん口にも出します、イメージすることは必須です。**イメージできないことは絶対に叶いません。**ここがポイントです。書いていても、イメージができないと駄目なのです。

想像できる範囲で、最高のものを書く

書く内容についてですが、『1兆円』といっても、普通は想像できませんよね。僕の知り合いで100億円を持っている人もいますが、僕にとっては100億円というお金はどういう感じか想像できないのです。

ぼんやりしたイメージしか浮かばないものは叶いません。だから、みなさんが今、年収500万円だとして、5000万円程度の年収なら想像できるとしたら、5000万円と書いたほうがいいのです。想像できるもっとも高い金額を書いたほうがいい。ちゃんと叶っていきます。

想像できる最高の額です。

ここでは、**謙虚になるのは絶対にやめたほうがいい。**

年収が今、500万円だとして、700万円などと遠慮がちになる、これは駄目です。この場合だったら、最低でも1000万円ぐらいからですね、倍ぐらいのことを、ぜひ書いてください。

また、複数の願い事を書くのもいいと思います。

今はもう書いていませんが、僕の場合、昔、『ロレックスが欲しい』とか、『高級マンションに住みたい』とか、複数書いていました。

想像できることを書いたほうがいい

でっかい夢で構いません。海賊王になる、というのでもいいですね。海賊王になると、捕まっちゃうかもしれないけれど、とにかく想像できることを書いてみてください。

そして普段のぼんやりした時でも、願いが叶った状態を想像します。常に想像していきます。寝ても覚めても想像します。例えば高級マンションに住みたいとしたら、そこに住んでいるというところをイメージします。**想像してワクワクすることが、もっとも引き寄せている状態になります。書きながら想像して、書きながら声に出すことをずっと繰り返してほしい**と思います。

イメージする訓練

イメージはどのようにすればいいのか、リンゴを例に取ります。

リンゴを買ってきて、リンゴをまず見ます。そのあとに目をつぶってリンゴをイメージします。

そして次に、リンゴを触ってからまた目をつぶって、体から離して、リンゴの感覚を覚えていきます。

さらに、リンゴの匂いをかいで、こういう匂いがするなと感じ、また目をつぶってイメージする、というようにイメージする訓練をしていくといいと思います。

訓練することでイメージできるようになります。

模写をするというのもいいですね。描くことで、視覚から情報を得てイメージをしていく、これはすごく大事です。描くことと、さらに声に出すことで、よりイメージがしやすくなります。

人間の体はすごいものです。レモンをかんだというイメージで試しに実験します。口の中でレモンをかんだとイメージしてみてください。すると唾液が出てきませんか？　これもイメージです。このようにイメージするといいと思います。

イメージできるようになれば、イメージする対象のレベルをもっと上げていくと、願っていた事が叶っていくと思います。

引き寄せ力が高いノートの選び方

引き寄せの願いを書くノートについてですが、**値段が高いノートでなければいけないわけではありません。**

僕は昔、お金がなかったから、１００円ショップに行って、ペラペラのノートを買っていました。もちろん、今は高いノートを使っています。でも思いが入ることが大事なのですから、安いから駄目だ、というわけではありません。でも高いノートにして良かったことも、引き寄せが上達してくると、それなりにあります。

引き寄せの技法にも、上級とか下級があるようなのです。ゴルフと同じで、下手な人は何をしても下手なので、高いクラブを買っても意味がありません。ただ、ゴルフがうまくなって上級になれば、高いゴルフクラブの意味があると思います。

これと同じで、**引き寄せも高いノートのほうが、引き寄せやすくなるではないか**という感じがしています。

高いといっても、１０００円ぐらいのノートで大丈夫です。

思い入れが大事。成長曲線はまっすぐではない

書いていく際に、思い入れを持つことがとても大事です。**「引き寄せノートに願いを書くことへの強い思いがあるから、引き寄せるのだ」という気持ちがあることが大事**なのかなと思っています。

だんだんと自信が付くはずです。初めのうちは、うまく書けなくてもいいのです。書き続けていくうちに、できてきているなと思い始める時がありますす。その時期を迎えると、速く、うまく書けるようになります。この、うまくできているな、と思い始めるまでが難しいのです。

「成長曲線」というものがあります。例えば、自転車を乗れるようになるまでは、転んでばかりです。練習開始1日目では乗れなかった。3日目、まだ乗れません。5日目、9日目と、なかなか乗れなかったものが、10日目で急に乗れるようになります。そこからはどんどん上達して、一生、乗れるようになります。

人間が物事に習熟するまでの成長曲線というのは、弧を描いているのです。ゆ

っくり上がっていって、ある日、急に成長するのです。

だから、引き寄せノートも1日目は駄目、3日目も駄目、4日目も駄目で大丈夫です。**ある日、突然、急にできるようになるのです。だから、大切なのはそれまでひたすら書き続けられるか**ということだと感じています。

また、個人差があります。ゴルフのレッスンの例を挙げます。レッスンプロが言うには、すぐうまくできる人と、できない人がいるそうです。しかし、すぐできる人間というのは、体が覚えてないから、すぐ忘れるのだそうです。でも、すぐできない人は下手だけれど、ずっとやっているのを体が覚えてくるから、一気にうまくなるそうです。また、すぐできる人も練習をしなければスコアはあっという間に落ちるから、結果、かかる時間は同じだと、その人は言っていました。

引き寄せノートを書くのも、書道がうまくなるのも一緒

書道の達人にお会いした時、すごいなと思ったのは、「文字をきれいにするの

は簡単なんですよ」と言うんです。「どうするんですか」と聞いたら、「まず、真っすぐ書けるようにすることをひたすら練習する」と答えたのです。

普通、真っすぐな線を書くことはあまりありません。だから、真っすぐ書けるようになるまで、ずっと続けるそうです。真っすぐ書くことができたら、次に何をするか。今度はくるくると丸く書くのだそうです。バランスをきれいにしないと文字はきれいにならないから、くるくるとひたすら書かせます。この二つのことを続けるそうです。

これを聞いた瞬間、この人、本物だ、と思ったのです。

これが本質です。とにかく単純に基礎を繰り返す。

引き寄せも、ずっと繰り返し書くことで、コツをつかむことができると思います。

具現化を早めるお札を使った裏技

ノートに神社のお札を入れるのが効果的だと思います。

僕は豊川稲荷のお札を入れ、引き寄せをしています。お札を入れると引き寄せが加速します。

神さまの力を借りたほうが、引き寄せも早くなるということです。

引き寄せが叶ったら、ちゃんとお礼詣りをするようお勧めします。みなさんも引き寄せのノートをやりながら、お札をいただいた神社に行ってみてください。**お礼詣りは絶対すること**です。ちゃんと神さまに恩返しをすることが大事です。

お札は、1冊に一枚がいいと思います。お札は使い回しをしないでください。新しいノートになった時にお札を抜いて入れ替えるのではなくて、1冊終わったら、新しいのを買ってください。

お札の値段ですが、一般的には高い方がアップすると思います。僕の場合は神さまが言ってきます。

「おまえ、今回は10万円のやつに替えろ」と言ってきます。

引き寄せと相性の良い神さま

お稲荷さまが一番いいんじゃないかと思います。神さまの中でもテイカー系の神さまは引き寄せのノートと非常に相性が良くて、僕の場合は豊川稲荷のお稲荷さまには、大変お世話になっております。

ノートを書く時間帯

ノートに書く時間は、絶対に朝がいいです。

僕も朝に書いています。朝、お風呂に入って、神棚にお酒を供えて、祝詞を上げてから書きます。これがルーティンになっていて、すごくしっくりきます。ノートに向かう時も、神さまにちゃんとご祈祷した後ですから、すっきりとした気持ちで書けます。

起きてすぐのタイミングは、現実と非現実の境界がちょっとよく分からなくて、混じり合っているような状態になりますが、実はあの状態が引き寄せしやすいのです。だから、あのぼやっとした状態のときに願い事をイメージして、きっちりと起きてきてから書くというのがいいかもしれません。

「気付き」をノートに書くこと

前述したように、汚い字でも雑でもいいですから、どんどん書いていくことが大事ですが、最近、僕が実践しているのは、「気付き」があった場合にこれを見逃さずに書くことです。

気付き。気付くこと。これが非常に大切です。例えば、人に不義理をしている人、ちゃんと約束を守らない人がいます。このような人は、人から切られるものだ、ということに気付いたときには、きっちりと書いておきましょう。

気付いたことは学びになっていきます。 引き寄せノートには、人間性を高めるという効果もあることを考えると、気付いたことを見逃さずに書くことにも留意してください。

ただある事実を暗記するだけでは、人生は変わりません。気付いたことを覚えるのではなく、自らの生き方に活かすことが重要です。

確かアインシュタインが言っていますけれど、ただ何かを調べて、その事実を単に憶えていただけではあまり意味はありません。知識自慢にはなりますが、成長という意味では、本当に気付いて、どんどん自分を変えていくことにつなげることが大事なのです。

そのため**気付いたことは、ぜひこのノートに書いておいてください。**

人間は他人のことはよく分かるけれど、自分のことは分からないものです。自分のことは客観的に見られないのですが、他人のことは冷静に見られます。ですから、他山の石のように、こういう人間になろうとか、ああいう人間は駄目だな、ということに気付いたら、どんどん書いていくことです。

すると、この引き寄せノートがパワーアップしていくと思います。

神さまは学校の先生とは違います

子どもは、思ったこと、感じたことを、躊躇《ちゅうちょ》なく言ったり書いたりしています。だから、引き寄せ上手です。逆に、意識的に構えて、神さまから見られているから達筆に見えるように書こうかな、などとやっても、それでは引き寄せにつながりません。

神さまは字のきれいさより、その人の思いのほうを見ているのです。

だからみなさんも、飾りのない素の自分に戻って、強い思いを大切にして、それを書く。子どものように、思いを素直にストレートに書くことが大事なポイントになるんじゃないかなと思います。

互いに高め合う仲間と書く

一人で書くのではなく、互いに高め合うことのできる人とともに書く、この方法もとても有効だと思います。引き寄せを一緒にする仲間を持つことも大事かなと思います。一人では続けられなくても、みんなと一緒なら続けられることもあると思います。

ノート交換引き寄せ術も、新しい発想です。ご興味のある方はぜひトライしてください。きっと面白い結果が出てくると思います。

引き寄せのノートのかたち

まず、願い事を書きます。

僕の場合は『年収1億円、資産10億円』というふうに書いてみます。また、『日本一のスピリチュアルカウンセラー』とも書いています。

自分でこのように書いて、書いたことが、自分自身にとって違和感がない、と感じることが大切です。

ノートに書く言葉について

次に、書く言葉ですが、**ネガティブな単語、表現を使わない、**ということが重要です。

例えば、『暗い自分を直す』という書き方は問題です。「暗い」というネガティブな言葉を使っています。これはNGです。次のように言い換えることです。

『明るい自分になる』

書かれた内容、意味は似ていても、全く違ったポジティブな表現になります。

脳は否定形を理解できません。

これはそもそも脳の働き方に関係してきます。

実験をしながらやっていきます。

「ライオンをイメージ**しないで**ください」と言っても、どうしても、頭の中でライオンをイメージしてしまいます。

脳は否定形の指示でありながら、何を否定するのか、というのを頭の中でイメージしてしまい、刷り込んでしまうのです。

これが否定形を脳は理解できない、ということです。

例えば、借金があったときに、返そうとイメージするとどうなりますか。

借金を返そうとすると、借金は増えるのです。脳のエネルギーが「借金」の側に向くからです。

例えば、「貧乏になりたくない」と、「お金持ちになる」というのは大きく違います。負けたくないと言っている人は、負けるようになっていくのです。これは「負ける」という方向へ脳が引き寄せようとするからです。

だからシンプルに、「あれが欲しい、これが欲しい」というように思うことと か、「お金持ちになる」とか、「いくら稼ぐ」と書いたほうがいいのです。

否定形で、お金を減らさないようにしよう、と書くのは駄目です。

減らすという方向にフォーカスしていきます。脳の仕組みを理解すると引き寄せは簡単になってくると思います。

人生は何にフォーカスをしているかが重要です。嫌なことを思えば嫌なことに脳は引き寄せられていきます。人間関係も同じで、あの人と関わりたくないと思ったら、結構、関わってしまうのです。つまり引き寄せられているのです。

人生も楽しいことだけを意識していくと良くなります。

仕事上でも、嫌な取引先だな、と思い、嫌だということばかりを頭に思い描くと、それが現実的に引き寄せられてくるのです。

また、よくあるのがこんな例です。ＤＶでアルコール依存症のお父さんがいたとして、お父さんのような人とは結婚したくない、と思っている人は結構、そんな男性と結婚してしまいます。そういうふうに考えている人たちは、ＤＶでアルコール依存症の人を引き寄せてしまうからなのです。

逆に、優しい人、楽しい人と結婚したいと思っていると、その人を引き寄せます。脳の仕組みを知っておくことがとても大事です。

脳は言葉にストレートに反応します。脳はとても素直な子どもであって、融通が利きません。

「浪費しないように」と書くと、浪費という言葉だけに反応して、脳は、「浪費を持ってくればいいんだね」というふうに対応してしまいます。「遅刻癖を直したい」と言うと、遅刻という言葉だけを引き寄せるのです。だから、遅刻したくないと言う人は、大体、遅刻します。それは実に忠実に引き寄せてしまうのです。

いい言葉を使ってください。これは重要なポイントです。

ポジティブな言葉を書くことを心がけてください。モテる人になるとか、お金持ちになるとか、明るい自分になるという、なりたいことだけを書いてください。「○○を直す」、というのはNGです。

言い切ることが大事

さらに重要なポイントは、言い切る、ということです。

例えば、『日本一のスピリチュアルカウンセラーに俺はなる』というように、言い切ることです。言い切っているから、実現していきますけれど、『なりたいんだよね』と言っては駄目なのです。

先ほどの脳の原理がここでも当てはまります。脳は全部、思ったことを叶えてくれるのです。したがって、**はっきりと言い切るのが大事なのです。**

引き寄せは全て叶えてくれます

引き寄せは全て叶えてくれます。

もう少し原理的な説明を加えます。

例えば、「タワーマンションに住みたいな」と願っていると、「住みたいな」という状況がそのままのイメージになるので、現実にすでに願いが叶った状態になってしまっているのです。

脳が「タワーマンションに住んでいる」という状態のイメージを持つことで、人間はそれを前提にして行動し始めるのです。

だから、どんな漫画もそうですよね。『ＯＮＥ ＰＩＥＣＥ』という漫画でも、「海賊王に俺はなる」と言っているし、『ＮＡＲＵＴＯ』という漫画でも、ナルトは、「火影《ほかげ》に俺はなる」と言い切っているからそうなっていきます。あれを「なんか火影、ちょっといいからなりたいな」と言ったら、なれないのです。

言葉はものすごく大事なのです。

なりたいと言えば、なりたい状況を叶えているから、もう叶っている、ということ。少し難しいんですけど、「なりたい」じゃなくて、「なる」と言い切ること。「住みたいな」じゃなくて、「もう住んでいる」ですね。あそこに来年は住んでいるぞ、というイメージがいっぱいになってくると、実際に実現していきます。

「なる」とか、「なっている」という言葉とイメージが大切です。

【応用編】

—フェーズ1—

金運・仕事運を良くする方法

目立った才能がなくても収入は倍にできる

収入は目立った才能だけによるものではないと知ることが大事です。

収入に変わりやすい才能もあります。例えば、女性であれば、きれいな人。男性で言ったら、運動神経がいい人や背が高い人。要は、生まれつきの身体的能力が高い人たちは、例えばスポーツというジャンルでお金に変わりやすいように、才能による収入の増加につながります。

ただ、こういった才能には一長一短があります。

生まれつきの才能により収入が増えていく人は、才能の劣化が早く、収入の方もダウンしてしまいます。スポーツ選手がいい例で、選手生命は長くても35歳ぐらいで全盛期を迎えます。この早く駄目になる才能にみなさんが憧れるのですが、これが間違いのもとなのです。

生まれつきの才能というものは、幸運が人生の前の方、スタートに近い方に来ているだけなのです。

先に運を使っちゃうわけですから、これが、良いか悪いか、という話です。結果的に後半生で駄目になる方も多いわけです。

ここは大事なポイントです。

人間は、目立つ、目立たない、の差はありますが、それぞれ自分なりの能力を持っています。これは生まれつき持っている身体能力のようにわかりやすいものばかりではありませんが、その人なりの才能です。

すなわち、収入に変わりにくいけれど、長続きする才能もあるのです。

こちらの才能の方が、ずっと稼ぎ続けることができます。しかし、この**目立たない才能はそのままでは埋もれてしまいます。**

僕のこの才能も、収入に変わりにくい才能なので、相当、研磨しています。

365日、24時間が学びと言ってもいいくらいで、これによって稼げる才能になってきました。

何でもいいので自分を知ってください。

きれいに文章をまとめることができる人は、自分が見たYouTubeを分かりやすくまとめ上げる練習をしてもいいですし、話すのがうまい人は講演者になってもいいですし、絵を描くのがうまい人はデザイナーになればいいのです。何か得意なものを発見して、その能力を磨いてください。能力の研磨が大切なのです。**研磨しないで才能がないというのは違う**のです。

僕みたいに霊が見える人は、結構、いると思います。見えるのだったら、いろいろなことにとらわれることなく、その才能を磨くことが大切です。

それでもそのような仕事で食べられないのは、ただ才能をちゃんと研磨してないからなのです。

ダイヤモンドを例に出してみましょう。

ダイヤモンドはもちろん、非常に美しく高価なものですが、鉱石の中で一番硬いため加工ができずなかなかその輝きをとりだすことができませんでした。

ところが時間が経つうちに、ある方がいろいろと試行錯誤を繰り返しながら、画期的な技術を開発したのです。ダイヤモンドそのものをやすりのように使って、ダイヤモンド同士で磨くという技術を編み出したのです。この技術でダイヤモンドを磨き、ブリリアントカットと呼ばれるように加工すると、信じられないほどきれいになりました。硬くても、研磨するという思いが実り、今では地上で最も美しく価値の高いものになっています。

ほとんどの人が自分を知らずに、自分の才能を研磨していない状態です。とことん、研磨したほうがいいのです。

僕はスピリチュアルカウンセラーですが、不動産に関しては不動産屋さん以上に詳しいと思っています。なぜかと言ったら、不動産を買うために、いろいろと懸命に勉強をしてきたからです。また、税務関係にも詳しいです。25年間お世話になっている税理士さんから、「島尻さん、税理士になって4年ぐらいの知識を持ってますよ」と言われます。これも研磨した結果です。

僕はそもそも不動産や、税務の専門的な教育は受けていません。でも、とことん、何でも極めていったら人間ってできるのです。

僕がスピリチュアルカウンセラーなのに、なぜいろいろなことを知っているかと言うと、いろいろな方の相談に応じて、霊視で見たものを伝えていくときに、相談に来られたいろいろな方の世界に関する知識があれば、より正確に伝えられるので、勉強するわけです。

また、人脈も多様な世界の人とつながりを持っていたほうが、いろいろな視点で見られるので、人間関係をつないでいく努力をしています。

とことん、学んでいくほうがいいと思います。僕の場合も、学んだ結果、自分のオリジナルが出てきたのです。学べば学ぶほど、人間というものがよくわかってきて、人を見極めることができるようになります。もちろん、霊視も使いますけれど、いろいろなタイプ別に人を分類したり、この人は話を盛るな、などということがよく分かってきたりします。ぜひ、いろいろな分野のことを勉強してみてください。

まずはとにかく、何でもいいので自分の才能を見つけ出すことです。

必ず自分ならではの能力が埋まっています。繰り返しになりますが、その能力を研磨しないで才能がないと言うのは違います。

一見して目立つような才能がなく、今のままでは食べられない、と考えているのなら、それは自分をよく見ていなくて、そこに埋もれているはずの才能を発見して、ちゃんと研磨していないからです。

とことん本気になりましょう。 本気で才能を発見して研磨しましょう。本気になれば大概は負けません。本気の人間になると、周囲に本気の人ばかりが寄ってきてとてもハッピーになれます。

本気の人には本気で教えてくれる人が寄ってくるようになります。みなさんもまずは本気で才能を磨いてみましょう。

タイプ別の才能の磨きかた

才能を磨いた結果、収入が増えてきます。才能を磨く前にやめてしまって、才能がない、と言っていては何も始まりません。

まず磨いてみることです。磨いた結果、何が出てくるかがポイントです。例えば、ダイヤモンドが出てくるのか、サファイアが出てくるのか、ルビーが出てくるのか、それは磨いたあとのことなのです。

ただ、**磨きかたについては、魂のタイプによって異なってきます。**前に述べた各タイプの特徴を踏まえながら、それぞれの磨き方について述べていきます。

ギバー系の人は人間力を高めることで成功しやすくなります。

周りに人が集まってくる魅力的なギバーは、前にも触れていますが、稲盛和夫さんがその典型なのではないでしょうか。

人がギバー系の人を慕って集まってきます。そしてそれがお金に変わりやすくなります。要は、人間力を高めて、本人がカリスマのような存在になるということが大事です。

マッチャー系の人は完璧な仕組みを作っていくことが成功の鍵になります。

どのくらいの人員で、どういう能力をそこに配置したら売り上げが上がるのかと考えていくことで成功します。M&Aで会社を吸収合併して大きくしていくのもこのタイプが多く、上場企業の社長さんにもこのタイプが多いのです。マッチャーは、既存の組織で優れたものがあったらそれを維持して動かさず、適切にマネジメントしていく力があります。

このタイプの社長さんは、代表として指揮を執っているけれど、あまりカリスマ性がない方たちが多いようです。ただ、カリスマ性がない分、M＆Aなどの時に怜悧《れいり》に損得を見極め、会社を売ったり、合併したりして成功します。

そういった意味ではマッチャーが多分、一番、会社を大きくするのが得意なんじゃないかなと思いますし、この才能には、ギバーやテイカーでは勝てないでしょう。

テイカー系。これは、人から奪うことで成功していきます。 あまりいい表現ではありませんが、いかに、人からお金をうまく引っ張るかがポイントなのです。キャバクラで高いお酒を勧めてきたり、不動産でお金を多く抜こうとするのもこのタイプに非常に多いです。

テイカー系の人は、ジュエリーなど、高額な商品を扱っている方たちの中にも、たくさんいらっしゃいます。薄利多売でやるのではなく、いかに安いものを高く売っていくかというやり方がテイカー系の人の成功の秘訣ではないかと思います。**自分の適性に合った方向で努力をすれば成功しやすくなる**ということです。

適性に合った仕事とは

自分が好きなことをしていれば稼げる、という考え方がありますが、どちらかというと、好きなことというよりも、まずは、仕事は名詞よりも、動詞を使って考えて行くべきかと思います。

例えば、「バスケットボールが好き」という人がいるとします。この人が「バスケットボール選手になろう」というのは名詞的な考え方です。バスケットボールという名詞そのものにかかわっているからです。このような考え方にとらわれていると成功しにくいのです。そうではなくて、バスケットボールという名詞をもとに、動詞的に考え方を動かしてみることが大事です。

バスケットボールをやっていて、戦略を考えるのが好き、というような感じです。このような場合なら、マーケティングなどを仕事にしたほうがうまくいったりします。

自分がどんなものが好きなのかというのを、名詞ではなくて、動詞にしていくということをやっていただけると、適性も見つかってくるのではないかと思います。

また、融資を受けることについて触れておきたいと思います。起業や、事業を拡大したいという時には融資を受けることになるでしょう。融資を受けたなら、その融資を返済しようとする意識を持つのではなく、もっともっと会社を大きくしていく、業績を上げていくという意思に沿って、自然と返済している、という状態にしていくといいのではないかと思います。

金運、財運にいい神さま

才能を発見して、磨いていくと神さまが助けてくれます。

金運・財運だったら、僕がお勧めするのは、テイカー系の神さまです。

この神さまは何かを奉納したら、恵みが返ってきやすいと思います。僕のお勧めは、東京都港区にある豊川稲荷や、京都府にある伏見稲荷が代表的ですが、テイカー系の神さまがおられるところは概していいのではないか、という感じはしています。

つまり、キツネさん系の神さまが金運、財運にいいのではないかということです。

また、大黒さまもいいのですが、基本的には、拝む人との相性なのかなとも思います。池上本門寺に大黒さまのお堂があります。そこを開けてくれて、参拝をするツアーをしたことがあります。確かに神さま、大黒さまがいましたけれど、僕の場合は金運が上がった感じがしなかったのです。

でも、大黒さまは、男性で太っている人には結構、付いています。

知り合いに、とても太っている人がいまして、僕が「大黒さま付いていますよ」と言ったら「そうですよね」と自覚していて、大黒さまの像が家にあるそうなのです。木彫りのもので、よく、頭とかをなでているのだそうです。するといろいろといいことがあるそうですので、男性には相性がいいのかもしれません。ただ、女性に大黒さまが付いているのは、僕は見たことがありません。

観音さまもお勧めです。

ギバー系の神さまです。千手観音や、京都のほうにあるお寺などです。あとは、浅草寺系も、金運を上げてくれるのかなと思うので、行ってみると面白いと思います。

でも、**金運と財運についてはキツネさん系が一番強いのではないかと思います。**金運は本当に急上昇します。何千万円、何億円の単位でお金が入ってくる方も、中にはいらっしゃいます。

守護に付いてくれる神さま

守護に付いてくれる神さまに関するお話です。

先日、男性の方がいらっしゃって、その方は不動明王が付いておられました。不動明王が付くと、人生の浮き沈みをとても激しく繰り返すのですが、その方は5歳ぐらいの頃に付いた、とはっきりおっしゃったのです。あまりにはっきりおっしゃるので「えっ、5歳ですか、なんか、お願いしませんでしたか、何かを強く思いませんでしたか」と聞いてみました。

すると、両親が車の販売業で、小さい頃から「僕も社長になる」と、言っていたそうなのですね。多分、本人ははっきりとした記憶はないけれど、5歳ぐらいの頃にはもう既に、社長になる、と言っていたのだと思われます。そして、それが原因で不動明王が付いたのだと思います。

強く思ったときには、年齢はあまり関係なく、守護神が付きやすいということが、この方の例で分かります。

また、場所も原因の一つだと分かりました。

細かく調べてみたら、その方の近所にお寺があって、その境内で駆けっこをしたりとか、ボール投げをしたりして、よく遊んでいたそうです。そのため、そのお寺で不動明王が守護神として付いたのではないかと思います。

一般的には守護神が変わることはあまりないのですが、人によっては、時が経つと変わる例もあります。

性別によっても、付きやすい神さまが違っているように思います。

女性の方でしたら、菊理媛《くくりひめ》や天照大神など、家庭愛系とか、子どものことに対しての愛の深い神さまの例が多いように感じます。

一般的には、女性の方には、女性の神さまが付くケースが多く、男性は経営者だったら、不動明王が多いようなイメージがあります。

大事なのは、自分との相性です。

よく聞かれるのは、いろいろな神さまのところへお詣りに行っても大丈夫ですか、ということなのですが、そのこと自体は問題ありません。ただ、いろいろな所へ行っても相性が良くないと神さまは付きません。

僕の場合は、不動明王をメインに、おキツネさんとか、天照大神とかがしっかりと付いていますけれど、例えば、観音さま系の神さまはあまり感じないのです。

ただし観音系の神さまも、メッセージは与えてくれます。しかし、なぜか付いている感じがしません。その理由がなぜかは分からないので、おいおい、解明していこうとは思っていますが、このように相性はあるようです。

不動明王系の神さまは、普通に声が聞こえるくらいですし、常に付いていますので、相性がいいのだと思います。ただ、すごく厳しく導いてくださるので、そのような導きかたが苦手な方は不動明王系を嫌がられるのではないでしょうか。

自分がよく行っている神社で、心地がいいところだと、神さまが付きやすい、あるいは付いていることが多いんじゃないかなと思います。また、氏神さまだからといって、付いているわけではありません。

貧乏神

ちなみに、貧乏神という神さまはいます。

貧乏神は初めから貧乏神だったわけではないのです。貧乏神になったのです。

ちゃんと昔はいろいろと守ってくださる神さまだったのです。しかし、みんなが感謝をしなくなると、貧乏神になってしまうのです。神さまのエネルギー源は感謝です。感謝のエネルギーが満ちている間は、ありがたい神さまとして存在しているのですが、**感謝のエネルギーがなくなるにしたがって貧乏神になっていきます。**

貧乏神がいた神社ですが、最近で記憶にあるのは東京都郊外にある某神社です。周りの仲間が、「島尻先生、あそこの神社に行くと開運されるといわれているので、検証しに行きましょう」というので行ったのですが、実際に行ってみると、貧乏神がいたのです

浮き沈み

ただ、貧乏神のせいで人生が何もかも悪くなっているわけではない、ということも事実です。

僕に相談に来られるクライアントでお金が貯まらない人の特徴があります。それはお金が貯まることが、学びを奪うことにつながる人で、そういう人には、お金を持たせない方がいいと神さまが考えてしまうのです。

お金持ちになったら怠ける人がいますけれど、そういう人の所からは守護神が全部、お金を取っていきます。

ここがポイントです。**守護神がお金持ちにさせないようにします。**

例えば、ある人に仮に月に家賃収入が500万円入ってきたとします。そうなってくると、その人はもう働く必要はないと考えるようになります。すると守護神は、ここが一番恐ろしいところなのですが、「この家賃収入があるからおまえは人を導かなくなったな」という判断をして、全てのお金を奪っていきます。

僕のお客さんの友達で面白い人がいます。その人はバブルがはじけて失敗して15億円ぐらいの借金があるそうです。でもその人が完全に破綻したら銀行側も困るから、破綻はさせないで、資産としてもともと持っていたビルを、そのまま持たせてくれています。

そこで家賃収入が30万円だけ入ってきます。でも借金がある以上、働いても全部、借金に消えてしまうので、意味はありません。そこで何をしているかといったら、これが面白いのです。

朝の9時から15時まで、その人に相談に来る人が家の前に並ぶのだそうです。そこでその人たちが「僕、３００万円、借金があって死にそうです」と相談すると、「俺、15億円、借金してても死なないから、大丈夫。はい次」といった話をして、言わば、説法をする人になっているそうです。その人がそうやって説法をして人を助けることができるようになったのも、お金がたくさんあってそれを失った経験があるからです。

そういう方になるよう守護神は考えているのです。お金を守護神が取り上げた意味が、必ずあります。

僕もそうですけれど、不動明王が付く人がいます。前述したようにこういう人は人生の浮き沈みが激しいのです。人生をグラフにすると、下がって上がって、また下がって上がって、という具合に浮き沈みが激しい人がいますこの前、泣きながら相談に来た方がいらっしゃいます。社労士をされていて、独立をして、1500万円ぐらい貯めたというすごい人なのです。この方はギバーなんですが、1500万円も貯まったし、少しずつ、使いながら頑張っていこう、と思っていたそうです。

そこで「このお金、なくなったでしょう」と聞いたら、「なくなりました。何で分かるんですか」と聞いてきました。「不動明王がいるから、絶対、なくなるはずですよ。何があったんですか」と聞くと、兄の連帯保証人にさせられて、そのために兄の借金に連帯して、お金がなくなってしまったそうです。

これは不動明王が、この人は1500万円があると成長しない、と判断するからなのです。

つまり、将来の成長のために守護神が取り上げていることなので、今、ひどく追い込まれている方は、そのうちに金運がとても上がっていくと思うのです。**どんなに苦しくても、それを乗り越えることができるならば、この苦しみを楽しめるほうが、運気は上がってきます。**楽しめることが大切です。

大体、このきつい時期が、3年から5年周期でやって来ます。もう本当に笑い話にならないぐらい、きつい出来事がやって来ます。半端じゃありません。生き死にがかかって、苦労してやっと乗り越える、という感じなのです。僕にもまた来るんじゃないかと思うと怖いんですけどね。

お金の使い方と金運

実際問題として、お金はあってもいいのです。ただ、そのお金で楽をしようとするのをやめてください。全て、守護神が奪っていこうとします。

お金は大事なのですが、その人に楽をさせるために守護神が持たせるわけではないので、**お金だけで豊かになろうとすると非常に危険**です。

関連してさらに大事な話をします。

信念のお話です。

美容外科の業界を代表する会社があります。この会社を率いる社長さんに僕はとても感銘を受けていまして、この人のように頑張ろうと思っています。

ひとつ目のクリニックを開設するときに、目標としていずれ50クリニックつくると宣言したらしいのです。実際、今は150クリニックまで成長しているようです。

こうなってくると、事業を拡張する動機はお金ではない、というのがはっきりします。では何でやっていくのかと言ったら信念なのです。

いろいろな容姿の悩みで生きづらくなっている人がいます。そこで、そういう悩みを持っている人をこの美容整形でよくしてあげたい、悩みを解決してあげたい、と考えて、人を助けるという信念で事業を展開しているのです。そして、その結果として美容業界で世界一の会社にすると言っているらしいのです。

この社長さんはお金ではないところを追っているので、多分、もっともっと大きくなっていくのではないかなと思うし、守護神はそういう方たちにしっかり味方をしてくれます。


守護神が見ているところは何か、ということが大事です。

僕も当然、お金がなくなれば鑑定をして働かないといけない状態になります。守護神はその状態を作ろうとしてきます。繰り返しますが、お金があると怠ける人は、守護神がお金を奪ってしまいます。**お金を貯めるのだ、とだけ意識せず、今を全力で生きてほしいということです。**

世界的に大ヒットを記録したある漫画家さんについて、面白いエピソードを聞いたことがあります。彼はコンビニに行くときにスタッフを連れて行くのだそうです。その時、1万円を持って行って現金で払います。コンビニなので、1万円だったらいろいろ買った後にお釣りがきますが、このお釣りを全部、募金箱に毎回、入れるらしいのです。

お金をどう使うかが大事です。お金は稼ぐことよりも、どう使うかです。

僕は一応、ギバーなのですが、人にごちそうすることが多いです。

貧乏なときからおごっているのです。そのようにしていると、お金がなくなったときに、逆に誰かにごちそうになったり、助けてもらえます。人にお金を使ってきたからですね。

悪い例を出しましょう。

僕のクライアントさんでＩＴ関係の仕事をやっている方がいるのですが、彼は月に３００万円ぐらいのコンサル料がもらえる仕事を引き受けたのです。ところが彼はラッキーだと思ってキャバクラで豪遊しまくったのです。そんなことをしていると、この事業を頼んでコンサル料を３００万円払っている人から見ると、「俺が３００万円払ったから、こいつ、おかしくなったな」って思い、いい気はしません。

結果的にどうなったかというと、コンサル料を打ち切られたのです。でも、今までの豪遊癖がもう抜けなくて、今、借金まみれになっています。

この件で僕が思ったのは、彼は３００万円入ったうちの、半分の１５０万円ぐらい、仲間にご馳走したほうがむしろ良かったということです。そのうちお金がなくなっても、誰かしらが返してくれるからです。大体、10人中、３人から４人は返そうとする人間が残るものです。

お金の使い方でその人のことがよく分かります。お金を自分のことばかりに使

う人は、基本的には自分のことしか考えていないのです。

お金の使い方を見て、人を判断してみてください。お金の使い方にその人の人格がもっとも出ます。どんなにいいことを言っていても、おごってもらう体質の人間は自分のことだけを考えている人で、ピンチの時には周りの人は去っていきます。

振り子の法則

『成功哲学』という著書で有名な、ナポレオン・ヒルという人が僕は大好きで、彼の本をいろいろと読んでいます。

彼は『悪魔との対話』というタイトルの本も出していて、その中に書かれていたのが、苦しいことは学びになっていく、ということです。

例えば、筋トレをやっている人はよく分かると思うのですが、トレーニングの際に軽い負荷だと、あまり筋肉はつきません。逆に重ければ重いほど筋肉がついていきます。これと同じで、苦しいことが多いほど、自分を変えることができるのです。だから、苦しければ苦しいほどそれはチャンスになります。

今とても苦しい思いをしている方がいたら、ぜひ覚えてほしいのですけれど、「振り子の法則」というものがあります。振り子は右に左に振れますね。そして振れる幅が大きければ大きいほど逆側に大きく振れます。これと同じで**苦しい方に大きく振れれば振れるほど、大きく成功します。**

今、ものすごく苦しい方がいたら、ものすごく成功します。

僕に相談に来た方で、いろいろなことが重なって、今までの人生の中でも最高に高い壁にぶち当たり、苦しんでいる58歳の男性がいました。

今、年収数百万円らしいのですが、もし、成功したら普通に僕の年収を超えますと、言い切りました。僕よりもその人のほうが苦しんでいるので分かります。

この振れ幅が大きいというのがポイントです。

だから、今、つらい方ほど、この法則をぜひ覚えておいてください。

苦しんでいる時は、どうしても何かしらを変えなくては、立ち行かなくなります。苦しいので今までのやり方を見直して、ここで何かを変える、ということにならざるを得ず、その時、たくさんの気付きを得ることができます。

苦しい時はもう余すことなく学びに変えていくことが大事です。気付くことが必ず成功するヒントになります。

上場企業を創業している方も大体、このパターンが多くて、一回、下がってから、グーッと上がってきます。

また、**大事なので、繰り返し話しますが、感謝することです。**

子どもが親から叱られたとします。親に「教えてくれてありがとう」と言えばプラスに、愚痴を言えばマイナスになります。

最近、お客さんで実際にあった話ですけれど、その人と会った時、「あなたのこういう部分に悪魔が付いていましたよ。改善したほうがいい」と伝え、さらに「それを教えてくれた悪魔に感謝しなさい」と伝えました。

その人の中に欲があると、心の隙間に悪魔が入って来たりします。結果的にとても苦しい状態になり、僕にお祓いを受けに来たのです。でもそこで、感謝をする、というところから改善できるのです。苦しくなるのは、気付きを与えてくれているからなのです。

悪魔というのは人をおとしめたいと思っているのに、感謝されたら悪魔としても嫌ですよね、最悪ですよね。だっていじめてやろうと思ったのに、ありがとうって言われてしまい、これでは結果的に悪魔も近寄らなくなるのです。これがポイントです。

悪魔からすれば嫌がらせをしたかったのに、感謝をされてしまう、そうしたらもう嫌がらせができませんよね。

僕も散々な目に過去、遭いました。それを全て、成長の糧と捉えるようになってから強運体質になりました。**どんなことがあっても全部、学びに変えていきます。必ず、学ぶことが大事です。**

例えば、テイカーにいろいろ言われたら、自分はテイカーと合わないのだな、ということで、これを学びに変えたり。人にご飯をおごったときに返ってこない人がいたら、この人はこういう思考をしている人間なので、返さない、という学びに変えたりします。全部、学びと気付きに変えればいいのです。そう考えると**人生には全く無駄がないことになります。**

人生を守護神がそういうふうにつくってくれています。

何かを思い付くために必要なこと

本気になることの大切さについて考えていきます。

人間とは基本的に自分のためには本気になれません。

そこで誰か大事な人のことを考えてみてください。親なのか、子どもなのか、恋人なのか。僕ならクライアントさんです。

みなさんが僕の所にいつも鑑定に来てくれるから、僕がいるのです。だから僕はお客さんのためには命を張れます。どれだけ多くの悪魔がいて僕に入ってきても、全く関係ない。それぐらい頑張れます。なぜなら僕は昔、散々、貧乏をして、その貧乏によって他の人の苦しいことがよく見えてきたのです。ですから、その苦しみの深さを何とかしようと、真剣に向き合います。

クライアントさんと向き合うときはいつだって本気です。ときには本気で怒ります。本気で伝えると、クライアントさんが泣いたりすることもあります。向き合う人が本気であれば、その本気が相手の本気とつながってくると思うのです。本気だからこそ、伝わります。

でも、**伝わる、ということには時間差がある場合があり、今、直ちには伝わらなかったりします。**

今日、伝わる種が植えられるのですが、この芽が出てくるのが4年後だったりする場合があります。だから、しばらくしてお客さんから、「あの時こっぴどく怒ってもらったことが、今分かりました」という、お礼の電話をもらったりします。

僕からすれば、その人が成長してくれるのが一番うれしいので、こういう電話はいいものです。僕が本気で怒ったことが成長する糧になってくれているわけですから。

人間は誰かのために本気でぶつかると、変わっていきます。ですから、自分が

本気になれるかどうかという点は大事です。

誰かのことを本気で考えるとき、人は信じられないぐらいの力が出ます。

ここがポイントです。人を救う、人を助ける、人を良くしたい、人を喜ばせたい、そんなときに、人間は本気になれるのではないでしょうか。

ドクター・中松という人がいます。

フロッピーディスクを作ったと言われてますが、もっと有名な発明品がありま す。

灯油をストーブに移す給油ポンプです。どうして作ったかというと、お母さんが一升瓶に入った醤油を醤油差しに苦労して入れるのを見て、重いのに大変だなと思い、どうにか楽をさせてやれないかなと思って作ったものが、やがてこの商品になったのです。お母さんをどうにか楽にしてあげたいという気持ちが、やがて給油ポンプになるのですね。まさに、人を思ったからです。

自分が誰かのために何かをやれば、絶対に新しいものを思い付くのですね。ぜひ、みなさんも**「どうせ、私なんか」と思うのではなく、「自分には何ができるんだろう」と思って生きてほしいのです。その瞬間から、人生って変わり始める**のではないかと思います。

そのほかにもいろいろな発明があって有名な人ですが、誰かのためにと考えていると、なにかが天から下りてくるので、ぜひ、いろいろなところから学んでほしいなと思います。

思い続ければ叶う

思い続けたら、叶います。多分それは、宇宙の法則とでも言えるものだと思います。

思ったことは、必ずその思いの種が植えられて、だんだん芽が出てきて、花が咲くというような感じです。

けれども、種を植えてから芽が出てくるまでには時間がかかります。多くの方が、時間がかかるということを理解しないで、やっぱり無理かなと思って、思い続けることをやめてしまいます。

思うことをやめてしまうから芽が出てこないのです。

思い続けたら必ず叶えられます。

ただし、これは原理的な話になりますが、地球で暮らしている人間である限り、3次元の法則によって動いていますから、時間軸の関係でタイムラグが生じてしまうのです。

思いがあって、タイムラグがあり、そのうえで結実する。それが原理です。

また、この原理があってこそ、真に幸せになれます。

僕が好きな言葉で、晴耕雨読という言葉がありますが、晴れた日には、畑を耕し、雨の日には、本を読む、という意味です。

引き寄せをして、願いが叶うためには、時間はゆったりと流れることを踏まえながら、今日やれることには、今日まず立ち向かってやってほしいのです。今日、種を植えたら、芽が出るまではそのことに向き合って、さらに他のことにも全力で、**全てのことにおいて全力でやっていくと、芽が出てきやすいのです。**

引き寄せは、慣れてきたら簡単なのですが。いつも、心の中で願いながら行っていると、潜在意識に願いがしっかりと入り、芽が出て、花が咲き、必ず叶う、この願いが現実になっていくんだということを、理解していただけるといいのかなと思います。

神さまのご利益で収入が倍になった実体験

僕がどれぐらい飛躍したのか、ご紹介します。

34歳のとき、家賃が11万円の東京都世田谷区のアパートに住んでいました。若林というところで、横にロイヤルホストがありました。今は家賃１３０万円の虎ノ門ヒルズと、他に渋谷に部屋を借りています。

来月にはまた引っ越そうと思って、内見に行ってきました。

僕の収入が何でこんなに増えて、生活が変わったのかというと、神事や人を助けることをした、これに尽きると思います。

「はじめに」で述べましたが、東日本大震災のときに、僕は貧乏でしたが、何かをしたい、という思いからその当時の僕からすると、思い切った金額を寄付しました。

そのころから神さまが味方をしてくれているなと感じ始めました。

厳密に言えば不動明王です。厳しい鬼みたいな神さまが付いています。

この不動明王と喧嘩したこともあります。人生がきつ過ぎて、僕もひねくれていました。一升瓶を持って神棚の前で文句を言いましたからね。

不動明王は黙って聞いているのですが、「文句を言わずに、私が言ったことをやれ」みたいな感じが伝わってきます。不動明王と、喧嘩するほどに真剣に話し合った頃から、自分のことではなくて人のことを中心に考えるようになりました。もともとのギバーの良さの輝きを取り戻せた、という感じです。そうすると、人生はどんどん、好転していったのです。

神さまは誰かを助けたり導いたりする人にはものすごく力を貸してくれます。

逆に、自分のことばかりの人には力を貸してくれません。僕はよく、「自分は神さまの奴隷」または「自分は運命の奴隷」という表現をします。このように表現できるようになってから成功者になれたんだと、強く感じています。

「神さまの奴隷」という言い方はなにか悪いことのように感じますが、**私たちは神さまに動かされているのです。神さまに動かされているのを強く意識してほしいというのは、逆に言うと、自分自身だけでは自分の人生って、歩めないのです。**

自分自身でできる選択の幅はあることはあります。引っ越してもいいとか、そういう幅はあるのですけれど、神さまが動かす大きいところをはみ出したら駄目なんです。

例えば僕が年収6000万円になったから、鑑定をやめてしまうと、神さまからすれば自分の言うことを聞かないから、いろいろな手段で再び聞かせられるようにしてきます。

神さまの思う通りに動くようになると、人生はとても成功します。これは間違いありません。

多くの人が自分らしく生きるから成功しないのです。**自分らしく生きては駄目なのです。あくまで神さまが導く通りに生きることで成功するのです。これが成功の秘訣です。**

つまり神さまが動かしたいような人になればいいのですね。ここが大切なポイントです。

ただし、先に述べた通り、自分で自由に選択できる幅はあります。

例えば、何が食べたいとか、何を食べたくないといったことは自由なのです。ただ、人生で言うと、この幅を超えたことをやったりしては駄目だということです。

僕の場合の許される幅とは、忙しくしても別にいいですし、不動産を買ってもいいのですが、人を導くことをやめてしまうと、とんでもない不幸が起きます。本当に、多分、片腕が吹っ飛ぶぐらいの悪いことが起きるでしょう。

僕は実際にそれぐらいのことを食らったことがあるから分かります。

世界中の誰から何と言われても、文句を言われてもいいのですけど、神さまから言われたことには、「はい」と従わないと、ボッコボコにやられてしまいます。

エゴをすてること

毎日、不動明王と喧嘩していた頃は、不動明王は僕にエゴがあったから怒ったのです。

僕は、**自分だけが良ければいい、というエゴは取り去ったほうがいい**よ、とよく言っています。**エゴがあるから、神さまも怒る**のです。今は不動明王に感謝していますが、当時の僕は自分のことしか考えず、エゴでの主張ばかりをしていて、神さまに反抗ばかりしていたのですね。

でも、不動明王から、人生とは誰かのために生きることだ、自分自身のために生きるのはエゴだと教えてもらい、そのことを強く意識したときに成功者への道は開かれていきました。

今は感謝ができるようになっています。

例えば、親との関係もそうです。僕も一人暮らしをして長いけれど、昔は親に部屋を掃除してもらって当たり前でした。ご飯を作ってもらって当たり前でした。洗濯してもらって当たり前でしたよね。

でも一人暮らしをすると、それが当たり前じゃないということに気付き、そこで初めて親に感謝しますよね。昔は文句ばかり言って悪かったな、と思うのではないでしょうか。反抗が感謝に変わる瞬間が大事なのだと感じています。

自分のエゴが自分の人生を苦しめていたな、ということが今はよく分かります。誰かのために生きることです。**自分自身のためだけに生きることはエゴです。**

お金も元気もない絶望のどん底でも、奇跡の逆転は起きる

とにかく大事なのは、逃げないということです。

多くの方が逃げるのです。僕の大切な経営者の仲間がいますが、介護関係の会社を2年間で18社買収したと言っています。全部、赤字の会社だったのですが、それを今、黒字経営に変えていったのだそうです。

僕がその人を素晴らしいと感じたのは、社員の前で話をした内容です。

「いや、僕はあなたたちがすごいと思っているような人じゃない。僕は会社を18社買う前、起業したときに、金融公庫から500万円の融資を受けたんだけど、あっという間になくなってしまった」と言うのです。

昔、「食べログ」で有名な「カカクコム」という会社にいらっしゃった方ですけど、辞めて独立して、融資を受けた500万円を使い果たし、さらに2000万円の融資を受けたのだけれど、一瞬で使い果たしたそうです。すると家にサンドイウィッチマンの伊達さんのような雰囲気のコワもての人が来たらしいのです。

すごく怖くて、家の中でじっとしていて、帰ったのかなと思った頃に外に出たら、紙がピラッと降ってきたらしいのです。その紙を見たら、電話番号が書いてあるので、恐る恐る電話しました。すると「今すぐ来い」と言われ、仕方なく行ったものの、本当に金屏風みたいなのが部屋に置いてあって恐ろしそうな人がいます。恐る恐る「いや、なんか指とか詰められるんですか、僕は」と聞いたら、「ああ、指なんか詰めないからさ。チャンスをやるから。1カ月の時間あげるからさ、家賃、１カ月分持ってこいよ」って言われたのです。30万円くらいの金額ですね。

そこで、必死になって頑張って飛び込み営業をして、なんとか30万円を持って行ったということです。すると、「おお、頑張ったな」と言われ、「じゃあ、もう１カ月あげるからさ、２カ月分持ってこい」と言われ、次に2カ月分持っていったらしいのです。

そうしたら「おまえ、成功すると思うよ」と言われたらしいのです。

「それが今でも僕の自信になっている」と言っています。

この話から言いたいことですが、95％の人は、ピンチになった時に逃げるということをそのヤクザの人は知っているんですよね。にもかかわらず、逃げなかったやつは成功するということも、知っているのです。

だから、**ピンチであればあるほど絶対に逃げないほうがいい**のです。

僕のお客さんもみんなそうです。**そのピンチを乗り越えた人を、僕は、「漢」と書いて「おとこ」という字がありますが、「漢」と呼んでいるのです。**

他にもこんな方がいます。

19歳で起業して、22歳になってから何回か相談に来たときのことです。何度か会っていたので、変化が分かり、「覚悟が決まったんでしょ?」と言ったら、「えっ、分かるんですか」と答えたので、「分かります。なんで覚悟が決まりました?」と聞いたのです。

すると「いや、地獄を見ましたよ」と答えました。費用が8000万円のイベントがあって、スポンサーから1億円を出資してもらい、2000万円の利益を得るという案件を担当したらしいのです。しかし、その案件が途中で中止になってしまったので、イベントのために準備した8000万円分の費用が、丸々借金になって残ったそうです。そこで、どうか半年だけ待ってほしいとお願いして、懸命に働き全部返したそうです。

全部返したら今度はどうなったかというと、「おまえは逃げなかった、すごいね」と言われて、それからは仕事が以前の倍もくるようになって、今、1億6000万円の売上げになっているというのです。

懸命に頑張ったんですよね。それが、ピンチがチャンスであり、守護神が漢にしてくれているのです。逆にこの苦しいところから逃げる人は成功しません。もし、今、**苦しい方がいたとしたら、それこそがチャンスです。それを乗り越えたら絶対、成功します。**

僕の中には、逃げるという選択肢はありません。

実は、僕の経営者仲間にも、「自己破産してしまおう」と言っていた人がいたのですが、僕、怒鳴りました

「経営者なんでしょ？　自己破産なんてするやつは絶対、成功しないよ」と話したのです。「今回、自己破産できても、これからはもう経営者はできねえぞ」と。「もしやりたかったら逃げるな、絶対」と言います。ここで漢になれるかなれないかなのです。

僕は逃げるのはお勧めしないし、実際、逃げるのが楽なのも分かりますけれど、それよりも人生を良くするために、苦しい思いをさせてくれていると思ったほうが、前向きなのではないかなと思います。

実際、僕も何人か見ていますけれど、自己破産を一回した人は次もまた自己破産すればいいという頭になってしまっていることが多いのです。

こういう人は、経営をしないで、勤め人をやればいいんだけどなと、いつも思っているのですが。

諦めた分だけ人生って苦しくなるから、僕はそれはやらないほうがいいと思っています。

奇跡は「逃げない人」に起きる

奇跡は起こせます。けれど、本当に頑張っている人にしか奇跡は起きないのです。

だから、もし今、苦しかったら、全力でその困難に向き合ってみてください。今、自己破産のお話もしましたけれど。自己破産をしないで、逃げずに立ち向かったら、必ず奇跡は起きます。

ただ、**逃げる人間には奇跡は起きないので、逃げないことこそが大事なのだと思うのです。**

奇跡は何回も目の当たりにしていますが、その奇跡は全て起こるべくして起こっています。

【応用編】

—フェーズ２—

結婚運・縁について

この項では結婚などの、縁にまつわる点に絞りながら、お話を進めていきます。

結婚運が上昇する神さま

結婚運が上昇し、家庭運を運ぶ最強の神さまは、伊勢神宮、1択でいいのではないかなと思います。 僕の仲間でも伊勢神宮に行って、3カ月で結婚した人がいます。

僕は「神ログ」という、神社に神さまがいるかいないかを見ていく、というツアーをやっているのですけれども。そのスタッフの人で、「俺だけが彼女できない」と言って、怒っていた人がいました。でも、伊勢神宮に2回行ったのだからできる、と話していました。

するとそこから、伊勢神宮のツアーに一緒に行った人と付き合って3カ月で結婚です。伊勢神宮ではこのほかにいろいろと結婚が成就した例がありますので、一番いいと思います。結ばれた際には、ちゃんとお礼詣りも行くようにしてください。

神さまが導いた運命の出会いというのは、とても速く進んでいきます。逆にもう6年も7年も付き合っているのに結婚できない、という彼女、彼氏さんとは、多分そもそも縁がないのだと思います。

結婚するだろうな、という方たちは、すぐに結婚していきます。逆に前から付き合っているけれども、この二人は合わないだろうと神さまが思うと、悪縁を切るといったような厳しいことにはならないのですが、そのまま付き合っていると次の結婚ができない、と考えて別れさせていくのです。

だから、**急に別れる話になりました、というのは、守護神が導いて、新たにいい方とのご縁を結ばせてくれるためのことなのです。**別れがつらい、という思いを持つのではなくて、新しい出会いのほうに導いてくれている、というふうに考えるべきだと思います。

また、本人に結婚願望がなければ、伊勢神宮に連れて行っても難しいと思います。その場合は、結婚願望がないという理由について、まず、ヒアリングをしてみることから始めてください。

例えば、子どもの頃に両親が始終けんかをしているので、家庭での幸せのビジョンが見えなかったりするとか、友達や親が離婚をしているので、結婚って良くないのかなと思ってしまっているのではないかとか、その理由について、いろいろな要因が考えられます。まずは、その辺りのヒアリングから始めてみたらいいのではないでしょうか。**結婚を望まないという方には必ず、何らかのネガティブな要素が潜在意識に入っている**のだと思います。

良縁を妨げるもの

本人の潜在意識に特にネガティブなものがない場合も、良縁を妨げるものがありますが、その原因について、お話をしていこうと思います。

良縁を妨げる一番は多分、生き霊だと思います。生きた人の念を生き霊と言いますけれども、私は嫉妬とか、そういった念が人の良縁を妨げたり、苦しめたりしていると見ています。

まずは生き霊がどのように人を苦しめるのかという、例を出してみます。

僕が大好きな漫画家さんで、とても素晴らしい漫画を描いている方がおられます。いま体調が悪くて立てないとか、トイレに行ったらお尻が拭けないという状態らしいのですけれど、おそらくこれは生き霊のせいです。

奥さんもとても人気がある漫画を描いている方で、この幸せなご夫婦を妬んでいる生き霊の仕業です。

またこの漫画家さんはたいへん遅筆な方で、作品の先が読みたくて仕方がないけれど、なかなか掲載されず、待ち切れないファンも、かなりの数いらっしゃると思います。この邪念も生き霊になります。仮に、１００万人ファンがいて、邪念を抱く人が１％でも１万人の生き霊がいるわけですから、そういったことで、体調を悪くされたりということもあるのではないかなと思います。

同じように、芸能人も嫉妬されやすいので体調が悪い方が結構いますけれども、これもその原因は生き霊です。

このように生き霊は嫉妬などによって人を苦しめます。この働きが、縁にも関係してきます。良縁を妨げる原因は、基本的には嫉妬などによって生まれた生き霊という生きた人の念が原因になっていることが、非常に多いのではないかと思います。

もし、最近、どうも**気の流れが悪いなと思ったら、誰かによく思われていないのではないかなと周囲を振り返ってみてください。**これらは神さまの力によるものではなくて、どちらかというと念によることが多いです。

悪縁の見極め方と、縁切りの方法

悪縁の見極め方ですが、**テイカーが縁の中に入ってくると、悪縁になりやすい**と思います。テイカーの特徴というのは、人をおだてながら入ってくることが多いと認識すると、よく見えてきます。

前述しましたが、「何々ちゃん友達だよね、親友だよね」といった言葉遣いをする人は大体、テイカーです。ドラえもんを例にとると、「心の友よ」みたいに言ってくる人は、大体テイカーです。したがって、しきりに仲良くしたがってくる方たちには気を付けたほうがいいと思います。

一回、仲良くなってしまうと、今度はなかなかその縁を切れなくなります。切ろうとすると、友達だから、ということで執拗に付きまとったり、周りの人たちに「いや、あの人ってさ、私、仲良くしていたのに、急に縁切られて」などと悪口を言ったりします。そのため、まずは基本的には寄せ付けないことが大事なのだと思います。そもそも仲良くしないことです。

悪縁を切る方法ですが、よく縁切りの神社と言われている所があります。例えば、港区の豊川稲荷にも縁切りのための場所がありますけれど、この場所は「気」がものすごく悪いのです。そのため、縁切りの神社に行くよりは、**不動明王系だと分かる神社がお勧めです。**お勧めのお寺も多くあります。

例えば、目黒不動尊のように、不動尊と付く所は不動明王が多いです。目黒不動尊もそうですが、門前仲町にある深川不動尊もいいでしょう。不動尊という所だったら、大体、不動明王の力で縁を切ってくれることが多いので、そこに行かれたほうがいいと思います。

しかし、**神頼みをするだけではなくて、自分が強い勇気を持ち、この人とは縁を切ったほうが絶対にいいと思っていると、神さまは味方してくれます。**まずは、自分からちゃんと縁を切るという意思を決めて参拝に行くと、自然に切れていったりします。

まず、この意思が問題です。

神さまに、「もう面倒くさいから切って」とお願いするのでは駄目なのです。ちゃんと自分で切ると決めたときに、神さまが、なんか仲をこじらせる出来事を起こしてくれたりするということなのです。

まずは自分で、意識の設定をしていくと、神さまは味方してくれます。

悪い縁を切ると、良い縁が入ってくるという縁結びを実現する宇宙の法則

悪い縁を切ると、良い縁が入ってくるということがあります。

例えばコロナの流行のために、状況が大きく変動した時期がありました。今まで落ち着いていた波が急にグーッと揺れた時期ですね。こういう時は、入れ替わりが激しいわけです。

例えば、コロナにより経済が閉塞《へいそく》した状態でとても大きくなった企業もあります。

「新時代」という居酒屋があります。ビール1杯190円、ハイボール150円という、非常に安いお店なのですが、コロナ禍で爆発的に大きくなった企業です。

コロナ前は普通にビールが300円だったのです。その時もそこそこお客さんが入っていたのですが。コロナ禍になってお客さんが減り、このままでは潰れると思って、思いっ切り低価格路線にかじを切ったようです。

よく飲みに行って常連になったので、スタッフと仲良くなって聞いたら、コロナの蔓延防止のための規制が出ているから、過料を払うのだそうです。過料は30万円です。

でも、この店が急激に業績を上げたのは、結果的に今までのお客さんは、離れたかもしれないけれど、新規のお客さんが爆発的に増えたからだと思います。今でも人気がありますね。都内でも20数店舗。新橋だけでも3店舗ぐらいあります。

これは古いお客さんとの縁が切れて、良縁につながったのかもしれません。

イメージしてほしいのは、時間というのはあらかじめ決まっているということです。

1日は24時間で月に30日。その限られた時間で会える人の数は決まっています。ですから、悪い方を切ったほうが、良い縁が入りやすく、結果的にうまくいくことになります。

また、悪縁と、良縁が切り替わる時期についても着目してください。

ある時期には、悪い縁と良い縁が交替するのです。つまり、周りの人が入れ替わる時期というのがあって、その時期は大きく上昇しようとしているタイミングが多いと思います。

守護神が導いて、悪いほうの縁を断ち切ってくれるわけです。この関係を知らない人からすれば、なんか、いい友達ともめて離れて、寂しく思ったりしますけれど、必ず新しい良縁が入ってくるのです。これは法則です。

だから、周りがザワザワして、**入れ替わり始めたなと感じたときは、大体、今、上昇するステージに来ているんだと思ったほうがいい**のです。誰かともめ始めたら、ぜひ今、上のステージにあがる所に来てるんだと思っていただいたほうがいいですね。

僕はよく漫画を読みますけれど、漫画のキャラクターは物語が進展していくと、性格が変わっていきます。一定の性格ではなくなってきます。1部、2部、3部と進むうちに、仲間のキャラもまた変わります。キャラが変わる度にステージが大きく、高くなっていきます。

これと同じで、**友人が入れ替わるときは、自分が大きくなるステージにいるん**

だ、というふうに思っていただけるといいと思います。

これはもう、宇宙の法則なのだと思います。先ほどの居酒屋の例のようにコロナ禍でいろいろな企業が潰れましたけれど、逆に大きくなった企業もあるように、波が荒くなる時期というのは、波に振り落とされて破綻する人もいますが、成功する人もいるのです

良縁ワークのイメージ

僕のところでは良縁に恵まれるようにするためのワークをやっています。

これは実際に体験していただかないと分からないのですが、ここでどのようにやっているのか、そのイメージをつかんでいただくために、実際のワークの状況の一部をリポートしてみます。

「いい方が寄って来るとか、復縁するでもいいですし、浮気を解消とか、そうい

うのもいいでしょうし。人との縁に関わることを強くイメージしていただいていいですか。じゃあ、目つぶっていきますよ。音で言うとキーンという高い音をイメージしてください」

「そして温かい感じを感じてください。ここがポイントです」

「次にイメージですね。いい方が来て、デートをしているというようなイメージを思い浮かべてください。そのイメージの中に浸る感じですね」

「いい人と出会って、ワクワクを感じるのが、一番引き寄せをやってる状態ですね」

「じゃあ、目を開けてください」

といったようにワークを行います。

ワークをすることで、引き寄せが早く、確実に起きてきます。

【応用編】

—フェーズ3—

徳について

積み重ねてきた徳を現金化する

護国寺にこの前も行きました。何回も行っていると、人間と同じで、神さまとも仲良くなります。そこで神さまと話したんですが、観音さま系などのギバー系の神さまの場合、**自分が徳を積んでいる人は、例えば1000円奉納すると、1000円分の徳が使える**のだそうです。要は、ＡＴＭでキャッシュカードを使うみたいなものです。

しかし徳を全く積んでない方がいくらお金を奉納しても、その徳は還元されないそうです。では、徳を積んでいる人が一回も引き出さないで死んだらどうなるかと言ったら、来世いい所に、生まれてこられるらしいのです。

僕のお客さんに過去生の記憶がある方がいます。

暗い部屋のような所に知る人もなく一人でいたら、長い行列ができていたので、そこに並んでいたそうです。そしてこの長い行列のあるところで生まれたいと思ったら、おなかの中に入ったそうです。はっきりと記憶もあるそうです。なんか、とても甘い液体も流れて来ていた、と言っています。

その方が、どこに生まれているかといったら、某大手自動車メーカーの社長の息子になったのです。生まれた時点で恵まれている人生です。

それは、実際に徳を積んでいたからそこに生まれてきたのです。実際に会った時も、この人の波動が高かったので、事実だと分かります。

前世にいいことばかりをして徳を積んだのだけれど、その時は裕福ではないままだったのだと思います。つまり積んだ徳を使っていなかったのです。

このように**徳は使っていないものでも、しっかりと貯まっている**ので、徳を積んでいくことが大事なのだと思います。

徳とは何か？

徳の積み方についてお話しします。

徳を積もうと思って行動しても、積んだことになりません。

例えば、徳を積もうと思って、お年寄りが重そうに荷物を持っているのを見て「おばあちゃん、荷物を持ってあげるよ。よし、俺、徳を積んだ」、これは積んだことにはなりません。また、例えば友達がお金に困っているからといって、「お金貸してあげる」ということで徳を積もうと思うのもＮＧなのです。むしろ、お金を貸したことによって本人が駄目になる場合もあります。

つまり、**徳を積んでいるかどうかは、神さまだけが判断しています。だからそれが人間の側から見ていいだろうという行為が、必ずしもいい行為ではない**ということになります。

自分で意識、意図することなく、普段からいい人間になればいいわけです。

僕もよくやりますけれど、おばあちゃんが階段にいたとき、「荷物が重そうですね、持ってあげようか、下まで一緒に下りようか」と、自然に話せるようになって、自然に持って下りるのです。別にこの行動で徳を積んだなんて、思わないのです。僕がこういうことをやりたかったからだけだからです。

そういう行動を自分のこととして自然にやっているだけで、その中のうちの何個かが神さまの判断で自然に徳になって積み重なっていくということです。

それを、一個一個、「俺さ、足の不自由な人にさ、イス譲ったのに、なんで俺、徳積めないんだ」とか言う人は駄目です。

当たり前の状態になっていることがポイントです。

あくまでも、徳を積んでいるかどうかということは、神さまが判断しているからです。

神さまの判断ということですから、もし皆さんがギバー系の方だとしたら、「私、散々、人から財産を取られたんです」という人は、ギバー系の神さまの所に行って何か奉納したらいいと思います。

宇宙銀行に貯まっている徳を引き出す方法

以上のような方法で積み重なった徳は、宇宙に貯まります。

現世において、**この宇宙に貯まった徳を引き出す方法は神社への奉納になりま**

す。

これも護国寺に行ったときに観音さまからメッセージをもらいました。

例えば、その人に100万円分の徳が貯まっていたとすると、1万円を奉納すれば徳が100万円分の宝くじとか、馬券が当たったたという形で引き出されます。**奉納金額よりも、高いお金に相当するものが、何らかの形で入ってきたりします。**

実際に面白い例がありました。

この方は、そもそも前から徳を積んでおられたのだと思いますが、僕が引き寄せの法則を教えていました。すると、年末に連絡がきたので「なんかあったのですか」と聞いたら、「いいことがありました。先生から言われて引き寄せをやったから、当たる、と思って有馬記念を買ったら当たりました。なんと4200万円ですからね。ニュースに出てきますよ」と言うので調べたら、本当に有馬記念で大当たりをした人がいると出てきました。この人はこの電話のあと、僕の所にお礼を言いに来てくれました。

そこで、「よかったですね。どうやったんですか」と聞いたら、「もともと、単勝で10万円、買ったんですが、先生の所で引き寄せをやっていたので、当たるなという感じがして、3連単で20万円買ったんです。その結果です」……という方もいらっしゃいます。これは引き寄せの効果だとも思いますが、一方でここで述べているように、宇宙銀行に貯まった徳を引き出しているようにも思われます。

逆に徳を積んでいなければ何も引き出せません。いくら多くのお金を賽銭箱に入れたとしても、何も返ってこなかったりします。

また繰り返しになりますが、徳を積んで亡くなったときには、来世いい所に転生できるのです。ギバーっぽいお子さんが生まれている、いい家庭にもこういうことが多いかもしれないですね。

過去生からの因果応報、全て、つながっています。この世は一回限りではなく、ずっと転生してつながっています。やったことは必ず、返ってきます。良いことも返ってきますが、悪いことも返ってきますので、日頃から人には恨まれないようにして、徳を積みましょう。

【原理編】

神さまのエネルギーを纏《まと》う

ここでは今まで述べたことが、なぜ起こるのか、という原理の部分に触れながら、掘り下げて復習していきます。

宇宙の法則

気付きというものが、いろいろな運を上げるということを述べました。

これについて、原理的な点から説明をしていきたいと思います。

気付きを通して、学んでほしいこととしては、前に少し述べましたが、気付いたことを暗記してほしいということではないのです。

ＡＩの時代、学校ではよくインプット・アウトプットというように、機械的な教え方をして、しっかり覚えましょう、覚えたことを出しましょう、というふうに学習させているのですが、こういったことでは人生は成功しません。

インプット・アウトプットが一番上手なのは誰なのかといったら、東大に行くような試験勉強、暗記が上手な人になりますが、では東大生が全員お金持ちかといったら、そんなこともありません。

それはやはり、人生は受験のように、単純な設問に単純に対応できればいいのではなく、本人が自分自身で、単純な設問を超えたものがあることに気付くのが大事なのです。成長や成功というものは、単に機械のようにインプット・アウトプットで動くだけの存在には訪れないからです。

気付きが全てなので、気付くことでしか成長はできないのです。

厳密に言うと自分の心の状態が、量的により上のレベルに伸びていくことを、「成長」と言っていて、質的にレベルが高く変化していくことを「進化」と言います。進化というと、なんか猿人が人間になったみたいなイメージなので、僕はあまり使わず、成長と呼んでいるんですけれど、厳密に言うと進化と言うようです。以下では、この進化という含意を成長という言葉で表現します。

成長をもたらす、「気付くこと」について、考えていきます。

何かを考えるのは思考ですが、思考より重要なことがあります。

それは意識です。意識するから気付けるのです。

一般的には一番大事だと言われるのが思考と言われているもの、考えることが一番大事です、と言われます。しかし、これはとても次元が低い話になります。この次元を超えた宇宙のほうでは、思考が実は3番目です。2番目は意識なんですけれど、では1番は何でしょうか?

ちなみに直感とか感覚というのではありません。触覚、食感なども含めて、これは2番目の意識に相当します。

答えは「愛」なんですね。

これを料理に例をとって考えてみましょう

料理を作る、ということを考えるのは3番目の思考です。2番目の意識というのは、これは何で美味しいのかなとか、美味しいと感じることができる力です。

1番目の愛というのは、誰かのためにこの料理を作る、という思いです。

誰かのことを思った方がより意識がはっきりとした確かなものになりますし、仕事にしても、うまく運ぶようになります。

だから**愛から始まるものは成功しやすい**のです。

愛が1番です。ぜひ覚えておいてください。これを忘れたりすることもありますので、繰り返し何かに書いておくといいでしょう。

1番が愛で、2番目が意識、3番目思考ということですね。

愛が一番大事だということを心の底に置きつつ、お話を進めます。

昔から引き寄せの法則はありました。しかし、昔の人は引き寄せとは呼ばず、日本では「予祝《よしゅく》」という言葉を使っていたんです。予め祝うと書いて予祝と言います。

この言葉がどこからきてるかというと、農家、農作業からきています。

「お花見」は、昔も今もずっと続いていますが、お花見には、季節が春を迎える時に、秋の豊作を願うという意味があります。豊作を願うのですが、あらかじめ、願いが叶ったことを想定して、想定した豊作を祝うのです。今年の秋も豊作になったね、と将来実現するかもしれないことを実現したとして、「じゃあ飲もうか」というのを先にやっていたのです。

それを昔の人は引き寄せという言葉ではなく、予祝と呼んでいたんですね。農業の営みからきた言葉です。昔の人は本当に前祝いをよくしていました。

ここで考えていただきたいことは、**豊作であるかどうか、というのは、単なる出来事だということ**です。

農作物には豊作もあれば、不作もあります。豊作であっても、不作であっても、それぞれは一つの出来事に過ぎませんが、そのいずれかの出来事が起こることは予測されます。その**事実としてあり得る出来事に、「不作ではなく、今年は豊作である」という意識を介入させ、結果的に豊作を引き寄せようとしている**のです。

このことに限らず、**全てはただの出来事**です。

「今日は晴れている」ということが良いか悪いかというのを決めるのは、その出来事によるのではなく、それぞれの人間です。

出来事の受け取り手側が全て決めています。今日晴れていて良い気持ちになった人もいれば、大雨の方が良かったのに、と思う人もいます。

その人がどう意味付けていくのかということで、全ては変わっていきます。

人間は、空間という、いわば3次元の制約を課せられてはいるのですが、この3次元の世界の中で、人間は物事に意味付けができる、という特性をそなえています。

人間だけが意味付けできるんです。

これを理屈で説明していくためには、量子力学の話を出さなくてはなりません。量子力学はとても難解です。ここではわかりやすく概略でご説明します。

光がどういう性質なのか、というのが長い間の謎で、これを解明しようという、「二重スリット実験」というのがあります。

何本かの縦長の穴が開いた壁を置き、壁の向こう側にスクリーンを置きます。この壁の手前から、光を放ちます。

光を放ったあと、実験装置の中に人間がいない場合は、スクリーンに光が壁の穴を通過したことを表す、粒粒が入った縞状の模様ができる、という結果を得られます。この結果、光は、粒からできているとともに波のようなものでもある、と結論されたのですが、実験装置の中に人間がいた場合は、縞状の模様ではなく、乱雑な粒が飛び散っているようになります。人間が装置の中にいると、光の振る舞いがよく分からなくなってしまうのです。

この実験結果から、人間が存在しているという、その事実で光は振る舞いを変えるのではないか、という仮説を立てたアメリカのレイディンという科学者がいました。彼は実験装置の中に人間を入れ、その人間に、壁のいくつかある縦長の穴のうちの、特定な1つの穴だけを光が通過しろ、と念じさせるという、いわば「念力」を光に送るようにしてみたのです。その結果、念力を送った穴だけから通過する光が有意にふえたのです。

すなわち、**人間の意識が入ることで、光の振る舞いが決定される、と結論できたのです。**

もう一歩進めます。

量子力学の古典的な思考実験で「シュレディンガーの猫」という話があります。簡単に言いますと、少量の放射性物質、それを検知する装置、さらに検知したら毒ガスが発生する装置の3つと、生きた猫を用意します。この3つの装置と猫を、密閉できる箱に入れてしまいます。そのうえで、放射性物質が放出される確率が50％になるように設定したスイッチを入れます。

すなわち毒ガスが発生する確率は50％です。この条件でスイッチを入れたあとで箱の中の猫は、どうなっているか、という実験です。

量子力学の話によると、猫が生きているかどうかは、箱を開けた時に初めて決定する、ということになります。すなわち、スイッチを入れた後、箱を開ける前までは、猫は死んだ状態と、生きている状態が同時に重なり合っている、というのが結論です。半死半生ではありません。生と死が、一緒にあるのです。そして、人間が箱を開けた瞬間に、生と死が決定するのです。

これはシュレディンガーという人が、量子力学の理論を進めると、このような矛盾が起きる、という量子力学への反論のために用意した思考実験です。その後、いろいろな科学者がこのパラドックスに挑戦したのですが、生きていると共に死んでいる、という実験結果は正しいものであることが、逆に証明されてしまいました。

つまり、人間が介在することで、はじめて生死が決定する、ということになります。物理学では、もっと大胆にこの結果から「多世界解釈」という、同時に違う宇宙が存在する、という仮説まで生まれています。

考えていただきたいのは、この実験の意味ということです。

この実験の結果、すなわち **「人間が出来事を決定する」という考え方を、物事をどう捉えるかという際の考え方の基本習慣にしていただきたい**と思っているのです。

例えばこんな感じです。

交通事故に遭って左腕を骨折しました。

これをどう捉えるかですが、左腕が使えなくて困った、といった否定的なことではなくて、例えば利き腕が右手だったら、右手でなくてよかった、これでパソコンも使える。

あるいは、この怪我のおかげで、ゆっくり休んで考える時間ができた、もっと言うと、腕が折れてラッキーだったな、保険金が入るかもしれないし、でもいいです。また例えば足じゃなくて良かった。普通に歩くことができると思ってもいいですよね。

すなわち、**どう意味付けたのか。これがポイントです。**

腕が使えなくなった、という原因により、より豊かな世界が新たに生まれるのです。

例えば交通事故に遭ったら、痛いとかいった感覚的に限定された事柄ではなく、何か意味があることだと僕は捉えます。そして、**ポジティブに捉えることによって新しい意味付けによる世界が生まれ、広がってくるのです。**

出来事を将来へ向けてのチャンスにしていきます。何かを今、いったん止めてみて、より高次の何かをやりなさいということなのだ、と意味付けていくのです。

この原理はすでに「引き寄せ」についての項で書いていますが、願い事が実現したという思いを抱いていると、現実に実現する、ということの説明にもなります。

もっとも前にも書きましたが、この大きい出来事が起きる前に、前もって必ずメッセージが来ます。「最近すごく忙しくないですか？」と周囲から言われたり、「休んだ方がいいですよ」と言われていたり。

出来事が起きるという、メッセージに気付くことも大事ですね。

大きな出来事の前に何かあるのかなと思うことでも、メッセージの意味が変わってくるかもしれません。

メッセージに気付くとともに、何か大きなことが起きてしまったならば、その出来事の意味付けを考えることです。

これはいろいろな出来事にも当てはまります。

例えば部下に１００万円のお金を横領されたらどうするか。

その時は「１００万円で済んでよかったな」と考える、こういうことをしたから横領されるのだ、と学びにつなげたりします。

恋人に振られてしまったらどうするか。「次にもっといい人と出会えるんだな」と思ったり、とにかくプラスに考えていくことが大事です。

神さまを味方に付けるということ

神さまがどういう存在なのかを考えて、神さまを味方に付ける方法をお伝えしていきます。

神さまは体を持っていない、ということを前に書いていました。そのため、この世界での管理ごとをするために人間に手伝いをさせる、ということでした。

この辺のお話を掘り下げます。

人間は3次元の世界に住んでいますが、神さまは高次元の存在、おおよそ7次元以上の存在だと考えてください。次元が増えれば増えるほど、完璧な存在になります。また高次元になると体が楽になります。

完璧なエネルギー体ということです。

逆に言えば、身体があるほど低次元です。物質世界は低次元ということになります。

そして神さまはこの3次元の物質世界では、もはや存在することができないわけですから、神社などに存在しようとしても、自分では物質的な力を使うことができないために、人の力を借ります。

人を動かす、ということですね。

神さまはエネルギーなので、この次元の世界に自分の家、例えば社のようなものを作る際は、この次元に住まう人間に命令してやらせようとするのです。

この仕組みを踏まえて、僕は、神さまを味方に付ける、と言っているのですけれど、神さまに直接に仕えるようになります。

つまり、神さまが誰かに3次元の世界で何かをやらせる時に、こちら側の人間として、自分が選ばれるようになりたい、ということです。

神さまも、ただ命令だけして「これやっとけ、あれやっとけ」と言うだけではなく、命令に従う人の人生ももちろん良くしてくれます。

神さまから命令されるような人になっていくほうが、生きるためには有利だという話です。

逆の視点から見ていきます。仮に僕がずっと、港区の豊川稲荷を建て直すぐらい奉納したとします。すると、僕が死んでしまったら奉納する人間がいなくなるので、神さまとしても困るわけです。そこで神さまは僕を生かすようにします。先ほどみたいな交通事故に遭った時に、偶然、無傷ですむというのは、神さまが動かしているからということが多いのです。反対に神さまから見放されてしまうと非常に危険だということも言えます。

神さまは人に力を貸し、人に社の建設をさせたり、お布施をさせたりするのです。

このような仕組みですから、神さまに気に入られれば、その結果として仕事も家庭もうまくいくのですが、逆の場合も当然あります。

例えばAさんが、一生懸命会社を大きくしようとして、奉納しよう、奉納しよう、と動いた場合に、奥様から「もうそんな年間に何千万も寄付するなら私とか子供のためにお金使ってよ」と言われて、やめてしまったらどうなるでしょうか。

神さまは奥様が邪魔していると捉えるので、離婚させようとします。

神さまが動くようにさせているので、どうしてもそうなってしまいます。

神事をやるなら家族も全員理解して、神さまがいるからうちの家庭は幸せだね、というふうに作っていくことが非常に大事かなと思います。

何回も繰り返しになりますけれど、神さまから気に入られれば、もちろん仕事もうまくいきやすくなります。

偶然、事業に有利になる会社がM&Aで買えて事業が大きくなったり、今までなかなか売れなかった会社が売れて資金が潤沢になったり、という感じです。このことを踏まえると、例えば、会社を売ったらいくらか寄付します、というのをあらかじめ決めてもいいですね。きちんと寄付すれば、必ず売れると思います。

神さまに気に入られるコツはとてもシンプルです。それは**神事を最優先にすることです**。

神事を優先するのは、難しいこともあります。

僕は神さまの声が聞けるのですが、実を言うと、これは誰にとってもいいことかどうかは、ちょっと難しいところもあります。僕は自分の神事を最優先にするから、1000万円奉納しなさい、と言われると、やがていつか報われることが分かっているので、頑張って奉納するのですが、例えば声が聞こえて、あなたも1億円寄付しろと聞こえてきたら、実際にするかどうか難しいですよね。

また、神さまは私たちが頑張って寄付しても「ありがとうね」などと言わないですからね。

僕も言われたことありません。神さまから、「なんかお前すごいな、偉いな」などとは言われないです。

しかし、難しいことではありますが、神さまに気に入られるためには、必須なことでもあります。神事を大事にして、淡々と寄付すること、粛々とすることです。

人間はいろいろと逡巡してしまうものですが、大事なことは、神さまに気に入られるように、毎日神さまがしっかりいてくれると思うことです。

多くの人が神事を自分なりに都合よく解釈します。

これでは神さまは当然守っても、導いてもくれません。よくある例ですが、困った時に「危ない、危ない」とか言って、その時だけ慌てて、ガラガラガラガラと懸命に拝んで、お賽銭に100円玉とかをパーンと投げたりしますよね。

神さまはこういう時、必ず「駄目だね」と言っています。

毎日当たり前のことに感謝をして、日常から常に神事を行うことが非常に大事なのだと思います。

日枝神社に行って神さまの声を聞いたのですが、運気というのは神さまが与えるものだよ、と言っていました。ですから神さまに気に入られた方が、運気が上がりやすくなり、そしていい方向に導いてくれることもあるんじゃないかなと思います。

常日頃観察していても、**自分勝手な人は駄目です。自分の主張しかしない人には、運気が巡ってこない**のです。誰かのために何かやろうということを一切考えていない人は、駄目です。

他人のことをしっかりと考えることが大事です。

また一日単位など、短い期間で物事を見ないことです。

今、みなさんがつらいことも、10年後に振り返ればそれが分岐点になっていて、そこから成長していたということもあります。

短い期間では分からなくても、少しずつ努力して成長できることが大事で、それは全て神さまが導いていることなので、それに従っていくことです。

僕もいろいろなことがありましたけれども、やはり成長していくためには、つらいことから学んでいることが多いですね。繰り返しになりますが、今、すごくきついな、つらいな、という時は、いろいろなこと変えなさいということが非常に多いのです。

人間は、楽なところからは成長できないのです。

神さまが成長させてくれているんだなと思うと非常にいいと思います。

人生の分岐が悪い方向に行っていたときに、神さまが本来の道に戻そうとして

いる場合は、宿題がたくさん溜まっていると思ってください。急速に学びが始まります。

そして宿題を片付けている時に心がけていかなければいけないのは、自分らしくあることです。自分らしくとは演じている自分ではなく、素の自分でいることです。

人は演じている限り成長はできません。

たまに人前で自分を作ってしまう人がいます。

僕も昔、そういうことがありました。なんか弱い自分がいて、自分を繕って隠していることがあったのですけれど、これって駄目なんですよね。本来の弱い自分を直していかなければなりません。いくら演技がうまくなっても、もともとの自分が変わらなければ、人生は変わらないのです。

例えば、何かから逃げる癖のある方がいるとして、その人は逃げ続ける限りは絶対成長はできません。

ＲＰＧのゲームだと考えてみてもいいです。ドラゴンクエストなどのＲＰＧです。その場合に、敵からずーっと逃げていては強くもならないし、お金も貯まらないですよね。その状態でラストのボスを倒せますか？　絶対に倒せないですよね。

自分が逃げる癖があるんだなと気付いたら、この逃げる自分を直していくことが大事です。それは「俺は逃げないから」というように演じても無理です。結局その人は逃げるんです。

素の自分でいること、そこから逃げないことが大切です。

Mさんという方が昔いました。その人は、頭はいいんでしょうけれど、プライドもすごく高くて、自分を繕って逃げる癖が付いていたんです。その人は逃げる人生を送っているんですね。結果的に今、年収はいくらか分からないですけれど、400万円か500万円位のところから抜け出せなくて、ずっと行き来していると思います。それは人前で演じているからですね。

素の自分になり、自分を変えていくことが大事で、「変わって良かったね」と、人からも言われる人生にした方が絶対にいいと思います。演じる自分はいくら変えても本質は変わりません。

普段の自分を見つめ直し、自分を変えていくことが成長につながります。

もし演じる癖がある人がいらっしゃれば、まずは素の自分になることをイメージしてみてください。

僕は、もともと暗いタイプで、対人関係が苦手です。根暗でネットフリックスなどを観ている時間が大好きな人間なので、人前に出るときはテンションを上げているのですけれど、演じているわけではないのです。ただ自分自身が超暗い人間、どちらかというとオタク気質で、漫画を読んだりとか、ゲームをしたりとか、映画を観ているのが大好きな人間なのですが、暗くても、演じてはいないのです。

つまり、気質とか、性格は関係ないのです。

ありのままの自分になることをイメージしてみてください。

昔、Bという、何かというと攻撃的で、理屈をこねる人がいて、「僕昔いじめられたことがあって」と言っていたんですね。多分、いじめられる自分から逃げたくて、単に知識で理論武装をしていじめられないようにしているんですけれど、いくら武装しても、変わることはありません。本質からずれています。

変わる、のではなく、逃げようとしている、これでは駄目です。

電話で話したことが最後になりましたけれど、声を荒らげたりして、なんか品性も知性もないことを言っていました。

「お前は喧嘩できないだけだろ」と言ったら、黙ってしまいました。

本当は自分から「僕は弱いから喧嘩できないです」と自分を直視した方がいいわけです。それをいろいろと理屈をこねるから、結果的に人から嫌われていくのです。

自分を変えることですね。自分を変えることが何より難しいのです。

自分を変えるときに、嘘をつく、逃げる、問題をすり替えるなどをしないことです。

このような行動をする人は絶対に成功はできないのです。

自分を変えることを常に意識することで成功に向かいます。

最後に神さまのエネルギーの話をします。

神さまのエネルギーを纏《まと》うことが大事です。

神さまがおられる神社をちゃんと参拝し、奉納することで、神さまのエネルギーを纏えるようになります。

これで運気を上げ悪霊から守られるようになります。

僕は神事をやらない時期がありました。昔、小学校くらいまでは、ずっと仏壇や神棚に手を合わせていました。祖父母の家に住んでいたので、自然にそうなりました。でも、やがて中学生ぐらいから、そういう神事がなんかダサいんじゃないかと思うようになったのです。神事をないがしろにするのは、なんとなく良くない感じはするのですけれど、なんか手を合わせることが格好悪いみたいになったわけです。

それから人生が悪化しました。いろいろな悪いことが起こりました。そうしているうちに、いつかまた神社や仏壇に手を合わせるようになったのですが、すると悪霊から守られるように感じたんです。それは本当に、背中の辺りが温かく感じてきて、神さまに守られている、神さまがいるんだというようなイメージが浮かんできました。これはイメージですが、僕は今も感じます。

神さまのエネルギーを纏うには、神さまがおられる神社の参拝や奉納などのほかに、家に神棚を作ることも大事です。

常に神さまを身近に感じる環境を作ることも成功への道だと思います。家に神棚があると、こういう環境が作られるので、非常にいいと思います。

また、例えば神さまの社を街に設えることも多いかもしれませんが、これもいいですね。銀座とかを歩くと、結構オフィス街なのにぽつんと、小さい神社があり、キツネさんを祀ったところもあります。新宿歌舞伎町にも祀られていますけれど、そういう神事を昔からやっているから、あれだけ栄えてるんじゃないかなという感じがします。

最後になります。

人生はいつだって本気でやれば変えられます。
変えられないのは、本気でやってないからです。
ぜひみなさんも今を精一杯、本気で生きてみてください。

参考

祝詞を上げるのは大事です。
ぜひ実際、みなさんもやってみましょう。
朝1回でも構わないので、毎日神棚に向かって上げていくのです。

かけまくもかしこき　いざなぎのおほかみ
つくしのひむかのたちばなの
をどのあはぎはらに
みそぎはらへたまひしときに　なりませる

はらへどのおほかみたち
もろもろのまがごと　つみ　けがれ　あらむをば
はらへたまひきよめたまへと
まをすことをきこしめせと
かしこみかしこみもまをす

おわりに

本書をお読みいただき、ありがとうございます。

「神さまに気に入られる方法」が少しでもお分かりいただけたら嬉しく思います。

最後の最後になりますが、この本で述べた方法を実践した結果、今の僕がどのようになっているのかを、少しだけご紹介したいと思います。ただ、僕の場合、神様の声が聞こえてくるので、その内容はとても具体的になりますが、そのままご紹介いたします。


昨年、港区の豊川稲荷から「年収を1億円にしたかったら、1000万円を奉納しろ」と言われたのです。

かなりの金額なので迷っていたのですが、ある地方の不動産を買え、という声が聞こえ、300万円で導きのまま物件を手にいれました。ところがしばらくすると、この物件が損壊して、１６９０万円の保険金が下りてきたのです。

これは自分のためのお金ではないと感じるとともに、日頃の感謝の気持ちもあり、これをもとに伊勢神宮に３００万円を奉納したのですが、同時に豊川稲荷への奉納金もこれで大丈夫と思い、１０００万円を奉納したのです。

これで、諸経費を含めると、この保険金は手元になくなりました。

ところがしばらくすると、今度は、これも導きのまま１００万円で購入していたある地方の物件も損壊して、２１００万円が下りてきたのです。

神さまがお金を動かしているとしか思えない不思議なことが起きているのです。


さらにこの頃、都心のマンションに移りたいと思って、購入者の資格審査を受けていたのですが、審査はなかなか厳格なうえに、僕に先行してすでに３人の購入希望者がいて、競合していました。

そんな折、愛知県の豊川稲荷に鳥居30万、石像３００万円で、合計３３０万円を奉納するように言われ、この金額を神社に送金しようとしました。すると、まさにその時に電話がかかってきて、３人の人を超えて僕が審査に通過したのです。

そこで、今度は伏見稲荷大社に鳥居４本、３４０万円を奉納したのです。

まさに神さまは、僕、という個人の思惑を超えて、お金が動かしているとしか思えません。


僕は直接神様と話し合っているので、このお話は参考にはならないかもしれませんので、奉納金額について、ヒントになるエピソードをお話しします。

アメリカで、石油王と呼ばれたジョン・ロックフェラーという人物がいました。

彼はあまり恵まれない年少時代を送ったのですが、懸命に働き、アメリカの石油精製能力の90％を独占する巨大企業スタンダード・オイルを育てていきました。

しかし彼の成功の原因には、その才覚にとどまらない、生きていくうえでの重要な信条があったと思われます。彼は16歳の時から収入の６％、20歳からは10％を慈善事業に寄付し続けたそうです。熾烈な競争を戦い抜いた彼の人生に、この寄付が重要な支えになっていたのではないかと感じられます。

このお話の、10％というのが、一般の方にも目安になるように思います。例えば１００万円の収入があったときには10万円分、10万円だと１万円分は自分だけのためではなく、奉納したり、他の人のために使うように心掛けること、これが大事だと思います。

こうすることによって、お金の流れが滞ることなく、社会は共生しやすくなる、神さまはそのように促しているように思えます。

日々の神事に加えて、以上のようなことも参考にしていただければと思います。

なお、巻末に【基本編】ステージ３でご紹介した「引き寄せノート」の一例を付けています。まずはこのノートで「引き寄せ」を試みてはいかがでしょうか。

ノートに書かれた皆さんの願いが叶うよう　願っています。

令和六年一二月　　　　　　　　　島尻　淳

島尻 淳（しまじり・じゅん）

幼少期からサイキック（霊能力者）能力を持ち、20代でスピリチュアルカウンセラーとして独立。実際に相談された方のクチコミから依頼が増え、20数年間でのべ2万人以上の鑑定実績を持つにいたる。そのクライアントは10代〜70代まで幅広く、著名人や芸能人も多数。鑑定以外にも浄霊、先祖供養なども専門に行い、特に除霊に関しては13年以上の実績がある。相談者を目の前にするだけで過去や未来が視え、そのアドバイスで相談者の運命を好転させている。 現在は、引き寄せの思考法『ポジティブルーティン』を使って、望む人生を引き寄せるオンラインサロン、イベント、鑑定など多岐にわたり活動を行っている。著書に『除霊と浄霊のはなし』（説話社）、『ギバー・テイカー・マッチャー』『世界の真実』（ともに青林堂）など。

神さまに
気に入られる方法

あなたの願いは、こうすれば叶う

2025年1月5日　初版発行

著者　島尻　淳
発行者　佐藤俊彦
発行所　株式会社ワニ・プラス
〒150-8482　東京都渋谷区恵比寿4-4-9 えびす大黑ビル7F

発売元　株式会社ワニブックス
〒150-8482　東京都渋谷区恵比寿4-4-9 えびす大黑ビル

装丁　新 昭彦（TwoFish）
DTP　株式会社ビュロー平林
編集協力　安藝哲夫
印刷・製本所　中央精版印刷株式会社

ISBN978-4-8470-7524 -7

引き寄せノート

ステージ3でご紹介した
「引き寄せノート」のコンパクト版です。
あなたの願いが叶うよう、
チャレンジしてください。

※このページに、あなたの願い事を書いてください

1

※このページから、「引き寄せノート」の本番です。
願い事、気付いた事など、ページ全体を使って、思いを込めて自在に書いていきましょう

2

3

4

5

6

7

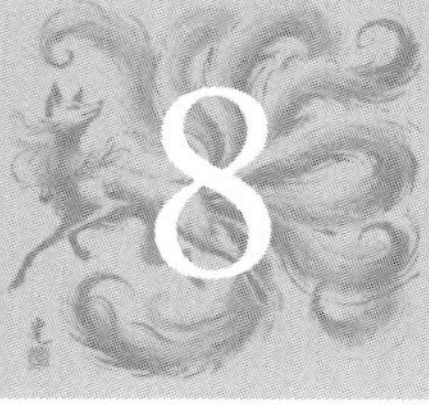

8

9

10

11

12

13

14